探索奥秘世界百科丛书

探索地理发现奥秘

谢宇　主编

花山文艺出版社

河北·石家庄

图书在版编目（CIP）数据

探索地理发现奥秘 / 谢宇主编. — 石家庄 ： 花山
文艺出版社，2012（2022.3重印）
（探索奥秘世界百科丛书）
ISBN 978-7-5511-0674-0

Ⅰ．①探… Ⅱ．①谢… Ⅲ．①地理－世界－青年读物
②地理－世界－少年读物 Ⅳ．①K91-49

中国版本图书馆CIP数据核字(2012)第248574号

丛 书 名：探索奥秘世界百科丛书
书 　 名：探索地理发现奥秘
主 　 编：谢　宇
责任编辑：刘燕军
封面设计：袁　野
美术编辑：胡彤亮
出版发行：花山文艺出版社 （邮政编码：050061）
　　　　　　（河北省石家庄市友谊北大街 330号）

销售热线：0311-88643221
传　　真：0311-88643234
印　　刷：北京一鑫印务有限责任公司
经　　销：新华书店
开　　本：700×1000　1/16
印　　张：10
字　　数：150千字
版　　次：2013年1月第1版
　　　　　　2022年3月第2次印刷
书　　号：ISBN 978-7-5511-0674-0
定　　价：38.00元

前　言

　　我们生活的世界，是个十分有趣、错综复杂而又充满神秘的世界。然而，正是这样一个奇妙无比的世界，为我们提供了一个领略无穷奥秘的机会，更为我们提供了一个永无止境的探索空间……

　　在浩瀚的宇宙中，蕴藏着包罗万象的无穷奥秘；在我们生活的地球上，存在着众多扑朔迷离的奇异现象；在千变万化的自然界中，存在着种种奇异的超自然现象。所有的这些，都笼罩在一种神秘的气氛中，令人费解。直到今天，人们依旧不能完全揭开这些未知奥秘的神秘面纱。也正因如此，科学家们以及具有旺盛求知欲的爱好者对这些未知的奥秘有着浓厚的探索兴趣。每一个疑问都激发人们探索的力量，每一步探索都使人类的智慧得以提升。

　　为了更好地激发青少年朋友们的求知欲，最大程度地满足青少年朋友的好奇心，最大限度地拓宽青少年朋友的视野，我们特意编写了这套"探索奥秘世界百科"丛书，丛书分为《探索中华历史奥秘》《探索世界历史奥秘》《探索巨额宝藏奥秘》《探索考古发掘奥秘》《探索地理发现奥秘》《探索远逝文明奥秘》《探索外星文明奥秘》《探索人类发展奥秘》《探索无穷宇宙奥秘》《探索神奇自然奥秘》十册，丛书将自然之谜、神秘宝藏、宇宙奥秘、考古谜团等方面最经典的奥秘以及未解谜团——呈现在青少年朋友们的面前。并从科学的角度出发，将所有扑朔迷离的神秘现象娓娓道来，与青少年朋友们一起畅游瑰丽多姿的奥秘世界，一起探索令人费解的科学疑云。

　　丛书对世界上一些尚未破解的神秘现象产生的原理进行了生动的剖析，揭示出谜团背后隐藏的玄机；讲述了人类探索这些奥秘的进程，尚存的种种疑惑以及各种大胆的推测。有些内容现在已经有了科学的解释，有些内容尚待进一步研究。相信随着科学技术的不断发展，随着人类对地球、外星文明探索的进展，相关的未解之谜将会一个个被揭开，这也是丛书编写者以及广大读者们的共同心愿。

丛书集知识性、趣味性于一体，能够使青少年读者在领略大量未知神奇现象的同时，正确了解和认识我们生活的这个世界，能够启迪智慧、开阔视野、增长知识，激发科学探寻的热情和挑战自我的勇气！让广大青少年读者学习更加丰富全面的课外知识，掌握开启未知世界的智慧之门！

朋友们，现在，就让我们翻开书，一起去探索世界的无穷奥秘吧！

编者
2012年8月

目　录

地球年龄之谜

◉◉◉◉◉◉◉

地球和我们的关系十分密切，它不仅孕育了人类，而且构成了人类的生存环境，向人类提供了各种资源和发展文明的物质基础。热爱它的人们都称地球为人类的母亲。然而，人类对于地球母亲的了解却是太少太少了，对于人类来说，地球究竟高寿几何是一个谜，一个许多人感兴趣的谜。

在科学并不发达的过去，犹太学者根据《圣经》的上帝创世说，推算出地球的历史不过6000年左右。而我国古人则推测："自开辟至于获麟（前481），凡三百二十六万七千年。"

以上的推测虽然都认为天地自形成以来经历了一段漫长的岁月，但是，对地球的起源及地球的年龄的推测不超过2500万年。

1862年，英国著名物理学家汤姆森，根据地球形成时是一个炽热火球的设想，并考虑了热带岩石中的传导和地面散热的快慢，认为如果地球上没有其他热的来源，那么，地球从早期炽热状态冷却到现在这样，至少不会少于2000万年，最多不会多于4亿年。

汤姆森的推论引起了各种争论，莫衷一是。直到20世纪科学家发现了测定地球年龄的最佳方法——同位素地质测定法。科学家运用这种方法测定出岩石中某种现存放射性元素的含量，以及测出经蜕变分裂出来的元素的含量，再根据相应元素放射性蜕变关系，计算出岩石的年龄。迄今，科学家找到的最古老的岩石有38亿岁。然而，也有人认为，38亿岁的岩石是地球

人类的家园——地球

冷却下来形成坚硬地壳后保存下来的，它并不等于地壳的年龄。

那么地球的年龄又是多大呢？20世纪60年代以后，人们在广泛测量和分析那些以流星形式坠落地球的陨石年龄以后，发现大多数陨石在44亿～46亿年。60年代末，美国阿波罗号飞船探月飞行，测取月球表面岩石的年龄也在44亿～46亿年。因此，在我们今天的教科书上，或一些科普读物上，都将地球的年龄定为46亿岁。

然而，对于地球46亿岁的结论还有许多争论。有人提出疑问，认为这个数据是基于地球、月球和陨石是由同一星云、同一时间演变而来的前提下，而这一前提还是一个有争议的假设。另外，认为放射性元素的蜕变率是不随时间、环境等条件的变化而变化的假设也未必正确。

也有人主张地球可能有更大的年龄值。如我国地质学家李四光，认为地球大概在60亿年前开始形成，至45亿年前才成为一个地质实体。

苏联学者施密特根据他的"俘获说"，从尘埃、陨石吸积成为地球的角度进行计算，结果获得76亿年的年龄值。

然而，众多的结论都是依靠间接证据推测出来的。人们至今也未在地球上找到它本身的超过40亿年以上的岩石，因此，地球高寿几何，还有待于更深入的研究。46亿年这个数字，只是进一步研究的起点。

地球自转之谜

天体绕着自己的轴心转动叫做自转。地球自转一周的时间大约是23小时56分4秒，亦即我们所说的"一日"。

过去，人们一直以为地球自转速度是均匀的，因为我们很难察觉出地球的自转运动。直到17世纪末，著名的天文学家哈雷发现了月球公转的加速运动，才使德国哲学家康德开始怀疑月球公转的加速，实质上是地球自转长期减慢的一种反映，而地球自转的长期减慢则是由于地球上的潮汐摩擦引起的。可惜因为康德缺少定量计算，又因为没有太阳和行星的"加速运动"作证，所以，这种正确的论断在当时并未被普遍接受。

后来，由于人们观测天体技术的提高，经常发现天体的观测数据和理论推算结果不相吻合，这就使人们对地球自转速度的均匀性产生了怀疑。直到20世纪初发现了太阳的加速运动现象，人们才又提出地球自转速度长期减慢的观点，并开始探讨其原因。

1929年，人们制造出了精度非常高的石英钟(日差1/10000秒)，用它测定地球自转周期，进一步证实地球自转运动速度是不均匀的，有长期变化、季节变化和不规则变化。地球自转周期有长期变慢的趋势，在100年里，一日的长度大约增加1/1000～2/1000秒。由于一日的变长不太显著，所以，只有经过长期积累才会产生影响。

对珊瑚化石的研究也为地球自转速度的减慢提供了有力的佐证。1963年，美国古生物学家韦尔斯公布了自己对珊瑚化石"日轮"的研究结果：在4亿年前泥盆纪时代的珊瑚化石上，每一"年轮"中有400条"日轮"，说明当时一年有400天左右，而在3.2亿年前的石炭纪时代的珊瑚化石上，则有380条"日轮"，说明当时一年有380天左右。现在的珊瑚石相邻"年轮"之间则仅有365条环纹，正好和现在一年的天数相等。如果地球绕太阳运动的轨道不变，它公转一周的时间就不大可能有变化，这样泥盆纪时代的一天就只有21小时54分，石炭纪时代的一天也只有23小时多一点。

目前，人们已不再怀疑地球自转速度在变慢这一事实，然而对其变慢的原因却有不同的解释。

除了康德提出的月球对地球所产生的潮汐摩擦是减慢地球自转速度的原因外，最近又有人提出了新见解，认为潮汐摩擦主要发生在浅海区。另外，地球半径的胀缩，

地核的增生，地核与地幔之间角动量的交换以及海平面和冰川的变化等，都可能引起地球自转的长期变化。但这些课题，目前还处在探索过程中。

此外，科学家还发现地球自转有时快时慢的不规则变化。这些变化有的表现平缓，可能也与地核、地幔之间的角动量交换有关。但有的却是急骤的突变。如在美国华盛顿和里士满两个地方，曾测得地球转速在1957年、1961年和1965年等都有明显突变。这到底是由于什么原因引起的，它的物理机制令人费解。

在我国，一些资料表明，地球季节性的转速变化与地质构造以及地震似乎有关联，这对预测地震很有意义。但在1963年的千岛群岛大地震，1964年的阿拉斯加大地震前后，都没有地球转速明显变化的迹象。看来，在地球自转速度变化的成因上，困惑人们的问题还真不少。

地球归宿之谜

◉　◉　◉　◉　◉　◉

地球是太阳系中一颗行星，也是人类赖以生存的家园。对于地球的历史，以人类所能找到的证据只能推测它大约诞生于46亿年前，在这漫长的岁月中，地球不断发展变化，逐渐形成了今天的模样。若问地球将会有怎样的归宿，我们也只能进行推测，而推测的结果也是各不相同的。

第一个试图不靠神学去详细研究地球过去和可能会有的未来的人，是苏格兰的地质学家赫顿。他在1785年发表了第一本现代地质学著作，他在书中承认自己在研究地球本身的过程中，并没有看出它开始和终结的迹象。于是许多人都认为，地球一旦形成，如果听任它作为表面覆盖着一层水和空气的金属、岩石的集体存在的话，它就会这样存在下去，直至永远。

后来，人们的研究又进了一步，开始考虑到外来因素对地球的干扰。

人们首先想到的是太阳，它离地球最近，并且有足够大的能量来左右地球。在过去的几十亿年中，太阳维持着目前的活动水平，因而地球基本没有变化。但太阳会永远维持现状吗？一旦它发生变化，会给地球带来怎样的影响呢？

20世纪30年代之前，人们觉得太阳的能量终有一天会耗尽，终会渐渐冷却，由耀眼的白色冷却变成橙色，再变成红色，最后变成一个光能枯竭的黑暗星体。这一变化也会使地球由于得不到足够的太阳能量而慢慢冷却，越来越多的水冻结起来；冰天雪地的南北两极不断扩展，直至赤道地区也变得天寒地冻；整个海洋将冻结成一块坚冰；空气也会液化，随后还会冻结成固体。在此之后，没有生命存在了的冰冻地球，仍会履行它作为太阳行星的职责，而乐此不疲地旋转若干年。

但是，到了20世纪30年代，核物理学家第一次揣摩出太阳和其他恒星中所发生的核反应，因而推测出：太阳的能量来自于它上面的核反应，太阳的一生将度过引力收缩阶段、主序星阶段、红巨星阶段以及致密星阶段，其中主序星阶段是太阳的稳定时期，我们目前正处于这一阶段，而且刚刚度过了一半时间，但接下来便是太阳变成红巨星的阶段，那时，大部分氢燃料将被消耗尽，其他核反应就会发生，使太阳变热膨大。在这种情况下，地球的末日就到了，它会被烤成灰烬，最后又挥发掉。当然这是几十亿年以后的事。

除了太阳之外，目前，科学家还在寻找影响地球寿命的其他因素。

有的科学家认为，太阳可能有

一个兄弟——太阳的伴星，这颗伴星日夜不停地绕日运行，每隔2600万年，就会转到离太阳最近的地方来"兴风作浪"，它的强大引力会引起众多彗星的骚动，有10亿颗彗星将在太阳系内横冲直撞，地球和其他行星都将成为这些彗星的"靶子"。如果与地球相撞的彗星的质量足够大，那后果真不堪设想，轻者生物灭绝，生态剧变；重者山崩地裂，地球"粉身碎骨"。这种类似的灾变是有案可稽的。科学家们发现，在过去的2.5亿年间，生物发生过多次灭绝，其间隔恰是2600万年。例如，9100万年前、6500万年前、3800万年前、以及1100万年前分别发生的大灾变，使75%以上的生物在劫难逃，恐龙就是在6500万年前灭绝的。当然，这颗可能会给地球带来不测的太阳伴星还没有被人们发现，但是，许多科学家是相信它的存在的。

地球究竟将受到来自空间哪一方的打击而遭毁灭？地球何时寿终正寝？这些现在还都是悬而未决的疑案。

海水起源之谜

◉ ◉ ◉ ◉ ◉ ◉

一直以来，人们普遍认为，海水是地球本身所固有的。当地球从原始太阳星云中凝聚出来时，便携带着这部分水。起初它们只是以结构水、结晶水等形式存在于矿物和岩石之中。后来，随着地球的不断演化，轻重物质的分离，它们便逐渐从矿物、岩石中释放出来，成为海水的来源。据此，一些人认为，这些水汽便是从地球深部释放出来的"初生水"。

然而，事情的进一步发展却大大超出了当时人们的想象力：当人们对这种所谓的火山"初生水"进行同位素研究时，却意外地发现，它们是由与地面水具有十分相似的同位素组成的，结果表明，它们实际上只不过是渗入地下，然后又重新循环到地表的地面水。

有人认为，地球上的水，至少是大部分水，不是地球所固有的，而是撞入地球的彗星带来的。近年，美国伊阿华大学的一些科学家，从人造卫星发回的数千张地球大气紫外辐射照片中发现了一个惊人的事实：在圆盘状的地球图像上总有一些奇怪的小黑斑。每个小黑斑大约只存在二三分钟，面积却很大，约有2000平方千米。经过仔细检测分析后，他们一致认为，这些斑点是一些由冰块组成的小彗星冲入地球大气层造成的，是这种陨冰由于摩擦生热转化成水蒸气的结果。从照片还可估算出每分钟约有20颗这种小彗星进入地球，若其平均直径为10米，则每分钟就有1000立方米水进入地球，一年即可达0.5立方千米左右。据此可以推论，自地球形成至今的46亿年中，将有23亿立方千米的彗星水进入地球。这个数字显然大大超过现有的海水总量。因此，伊阿华大学的科学家们的意见是否可靠，还有待验证。

另一些科学家相信水是地球固有的。他们指出，虽然有证据表明火山蒸气与热泉水是主要来自地面水的循环，但却不排斥其中可能混有少量真正的"初生水"。据计算，如果过去的地球一直维持与现在火山活动时所释放出来水汽总量相同的水汽释放量，那么几十亿年来的累计总量将是现在地球大气和海洋总体积的100倍。所以，他们认为，其中99%是周而复始参加不断循环的水，但却有1%是来自地幔的"初生水"。而正是这部分水构成了海水的来源。

还有一部分学者认为，因为地球条件适中，才能使原有的水能够长期保存下来。因此，他们认为，不能从地球近邻目前的贫水状态来推论地球早期也是贫水的。

总之，迄今为止，关于海水来源的争论，仍然有很多种意见一直相持不下。要想揭开谜底，仍然需要很长的时间和付出艰辛的努力。

特提斯洋演化之谜

◉ ◉ ◉ ◉ ◉ ◉ ◉ ◉ ◉

众所周知，喜马拉雅山历来被称作世界屋脊。然而，近代地质学家们通过大量的研究发现：沿阿尔卑斯——喜马拉雅一带，分布着大量侏罗纪的海相沉积。1885年，奥地利学者诺伊迈尔首先指出，当时沿这一带曾展现着一条海水通道。1893年，他的岳父——著名奥地利学者修斯进一步提出，这一侏罗纪海域实际上是一个洋，它位于北方大陆与冈瓦纳大陆之间，后来因为遭受挤压而消失。其变形岩石形成了今日所见的阿尔卑斯——喜马拉雅山系。为了强调它不是浅海，而是深洋，修斯把它命名为特提斯洋，特提斯是希腊神话中大洋神的妻子和妹妹。现在，特提斯洋差不多已完全消失，仅留下残存的地中海，所以，特提斯洋也叫古地中海。

20世纪70年代晚期以来，人们已经在侏罗纪白垩纪蛇绿岩带以北，沿高加索、帕米尔、藏北至金沙江一带，找到了二叠纪、三叠纪的蛇绿岩带。于是，学者们划分了两个世代的特提斯，即二叠纪、三叠纪的特提斯洋和修斯所称的侏罗纪及更晚时期的新特提斯。

特提斯洋是怎样演化而最终消失的？对此也有不同的看法。我国著名学者黄汲清等认为，二叠纪期间冈瓦纳大陆曾整体向北漂移，至二叠纪末与亚洲大陆碰撞汇合，其间的古特提斯洋闭合消逝；至三叠纪，已聚合的大陆再度分裂，分裂线移至雅鲁藏布江一带，冈瓦纳大陆脱离亚洲大陆南移，其间张开了新特提斯洋，原属冈瓦纳的西藏地块此时被留在新特提斯洋以北的亚洲大陆上；白垩纪以来，印度从冈瓦纳大陆分裂出来向北漂移，印度以北的新特提斯洋收缩变窄；大约4000多万年前，印度与亚洲大陆主体碰撞，在此过程中，古特提斯洋关闭，新特提斯洋开启，所以称为手风琴式。该模式要求印度（冈瓦纳大陆的组成部分）经历北移——南移——再度北移的复杂历程。可是，印度的古地磁资料表明，原处于南半球高纬度地区的印度自二叠纪以来并未发生过向南漂移的过程，在早期其所处纬度变化不大，白垩纪以来曾经快速北移。

我国另一些学者以及某些国外学者则认为，并不是冈瓦纳整体地向北漂移，而是冈瓦纳大陆北缘曾分裂出一些陆块向北漂移，并相继焊接到欧亚大陆上。土耳其青年学者森戈尔比较详细地论述了这一过程：二叠纪末至三叠纪，从冈瓦纳北缘裂出一个狭长的基米里大陆，它包括现今巴尔干、土耳其、伊朗、阿富汗以及中国的西藏等地，在基米里大陆与原冈瓦纳之间打开了新特提斯洋；此后，基米里大陆作逆时针旋转并向北漂移，其前方与欧亚大陆之间的大洋趋于关闭；三叠纪晚期至侏罗纪早期，随着基米里大陆与欧亚大陆碰撞，并成为欧亚大陆的组成部分，古特提斯洋完全消逝，而其南面的新特提斯洋达到较大的规模；白垩纪早期，印度从冈瓦纳分裂出来向北漂移，最终与亚洲主体碰撞，导致新特提斯洋的关闭和喜马拉雅山的形成。现今的雅鲁藏布江蛇绿岩带，便是已消逝的新特提斯洋遗下的痕迹，人们称之为聚合带。西藏北部的可可西里—金沙江断裂带和班公湖—怒江断裂带上，有时代更老的蛇绿岩带，它们是古特提斯洋的遗迹，属于更早时期形成的地缝合线。

由此看来，已经有两个时代不同的特提斯先后闭合消逝于欧亚大陆的内部。在大洋闭合和大陆碰撞的过程中，升起了巍峨山系，形成了世界屋脊。因此，特提斯洋究竟是浩瀚的大洋，还是狭窄的小洋，它的闭合过程是分小块北漂式还是手风琴式，迄今仍存在着完全对立的意见。我们期待着新的研究成果能揭开特提斯洋演化之谜，这对于阐明大洋盆地的发展和消亡过程，

古扬子海消失之谜

我国大陆西起四川、云南省的东部，东到江、浙沿海的长江中下游地区，由于有长江川流而过，故称为扬子地区。这里山河秀丽，物产丰富，文化历史悠久，被誉为我国人杰地灵的半壁江山。目前，扬子地区西部是山峦峻拔的云贵高原和富足的四川盆地，东部是连绵起伏的丘陵山地和平畴千里的沿海长江三角洲平原。地质工作者证实，这一地区是经过漫长的地质发展历史和剧烈的地壳运动以后才显露出来的。然而，你可知道，6亿年前的扬子地区，曾有过一段海洋——古扬子海的历史吗？大海历时36亿年，在距今24亿年前，又神秘地消失了。

根据古扬子海中保留的沉积岩和岩石中的动植物化石分析，人们了解到，当时古扬子海大部分时间处于温暖的气候环境之中，相当于目前热带—亚热带的情况。温暖湿润的气候，使海洋生物大量繁殖，它们死亡后的骨骼堆积在海底，形成巨厚的碳酸钙沉积。经过长期的变化，这些沉积就成为目前陆地上数千米厚的石灰岩。在海陆交互地带，还可形成煤等矿藏。当气候炎热干燥时，海水大量蒸发，海底便形成了石豪和白云岩沉积。古扬子海西部，地壳活动显著，局部地区的海底抬升，成为陆地，或形成一些岛屿。众多的岛屿连成一串，成为岛弧。距今2亿多年时，目前峨眉山所在位置有岩浆从深处喷发上来，形成巨厚的玄武岩层，构成今日峨眉山的一部分。古扬子海的东部，大部分时间则是稳定而宁静的海洋。

从地层中所保存的生物化石看来，古扬子海并不是一个孤立的海洋，它的东部穿过目前东海与广阔的太平洋相通；西部与一系列海盆相连，直达印度洋和大西洋，因为这里既有大西洋的生物群化石，又有太平洋中的生物群化石。古扬子海海底沉积岩中含有丰富的磷、铁、锰、钒、铀等金属矿产和石油、天然气、石膏、岩盐等非金属矿产，水泥原料石灰岩更是普遍。

然而，距今2.4亿年前，古扬子海消失了。这一现象，引起了学者们的争论。我国黄汲清等学者认为，这是地壳上升，海水渐渐从东西两侧退出去的结果。在海底上升的同时，花岗岩等岩浆侵入上来，带来了铁、铜、铅、锌、锑、金和汞等金属矿产。板块学说的拥护者们则有不同的看法。许靖华教授等认为，古扬子海介于华北板块与华南板块之间，由于南北两地块不断靠拢，把海水挤了出去，因而造成古扬子海的消失。然而，无论是"升沉说"还是"板块扩张说"，都很难证据确凿地证实升沉或扩张的原动力所在。

大西洋中脊之谜

仅次于太平洋的世界第二大洋——大西洋，是古罗马人根据非洲西北部的阿特拉斯山脉命名的。大西洋也是最年轻的海洋，它是由大陆漂移引起美洲大陆与欧洲和非洲大陆分离后而形成的，分离的中央是大西洋海岭，它是地球上最大的山脉——大西洋中脊的一部分，大洋中脊绵亘40000多海里，宽约1500千米。

很多年以前，有经验的航海家横渡大西洋时，就感觉到大西洋中部似乎有一条平行于子午线的水下山脊。随着深海测量技术的发展和海洋地质工作者的不断深入探索，人们已经证实了这条巨大的大西洋中脊的存在。

大西洋中脊有一个引人注目的特点就是沿着中脊的轴部，有一条纵向的中央裂谷。它把脊岭从中间劈开，像尖刀一样插入海脊中央。由"无畏"号和"发现"号考察船证实，断裂谷深度在3250～4000米之间，宽9千米。大裂谷中央完全没有或者只有薄层沉积物，表明这个区域的洋底是由新形成的岩石构成的。曾两次潜入大西洋中脊裂谷的海尔茨勒说："我的印象是，海底就像一个来回游荡并捣毁着的大力士，而且很明显它是一个正在忙着制造地震和火山的可怕的地方。"科学家通过潜水器的窗孔，看到了一些人类从未见过的景象，如一些洋底基岩就像一个巨大的破鸡蛋，其流出的蛋黄，则像刚流出来就被冷凝似的(一团团岩浆从地球深处被挤上来，当它和极冷的海水接触时，很快就在它的周围凝成一层外壳。后来外壳破了，里面的熔融体就流出来形成这种外观)。潜水器里的科学家还看到裂谷底面有许多很深的裂隙，见到一块块玻璃状外壳，还有长在熔岩上面的像蘑菇盖般的岩石以及各种奇形怪状的巨大熔岩体。它们有的像一条钢管，有的像一块薄板，有的像绳子或圆锥体，有的像一卷卷棉纱或像被挤出来的牙膏。1973年8月，"阿基米德"号深海潜水器曾对正在升起的一座"维纳斯"火山进行了探查，对所采的海底岩石样品进行年龄测定，发现其年龄尚不到10000年，这证明它是大裂谷底部最年轻的岩石。这个事实告诉我们，新涌上来的岩浆曾在这个裂谷的正中央形成新的地壳。1974年，就在上述潜水器观察过的附近，科学家从583米深处的熔岩层中采取了岩芯样品。有意思的是，在大洋玄武岩基底上的沉积物年代，竟随它距大西洋中脊轴线距离的增加而变老，每一钻探点洋底以下的沉积物年代，又随深度的增加而增加。因此，深海钻探资料明确支持这样的观点，南大西洋洋底自6500万年以来，一直以平均每年4厘米的速度向两侧分离开来。

现在，虽然再也没有人认为大西洋中脊的形成是"莫名其妙"的了，但关于它的许多问题，特别是大西洋中脊的岩石如何能沿水平方向推移开去，构成新的洋底等一系列带根本性质的问题，仍有许多争论，人们都期待着更有说服力的答案。

海底温泉之谜

◉ ◉ ◉ ◉ ◉ ◉

陆地温泉到处都有，人们已经不足为怪，然而海底温泉就很少有人了解。近年来，由于深潜器的发展，海底温泉才逐渐被人们发现。海底温泉与陆地温泉相比，数量要少很多。到现在为止，已发现有温泉的海域还不到60处。根据典型调查计算，这些海底温泉每年喷入海洋的热水约150立方千米，如与世界所有河流倾入海洋的总水量相比，约占三百分之一。海底温泉的水量并不多，可每年带入海洋的矿物质却不少，例如，仅钙、钡、镉、锰等金属每年就达几万吨至几十万吨。另外，还有大量气体，如二氧化碳、氦气、氢气、甲烷气等。海底温泉多数分布在洋中脊，但也常常在有水下火山的海域出现。

发现海底温泉很难，要想进行海底温泉研究更是难上加难，一批年轻的专家勇敢地闯入深海禁区，做出了惊人的贡献。进行深海考察必须拥有先进的仪器设备，掌握现代化的科学知识才能有所作为。苏联科学院火山学研究所的科研人员乘坐"火山学家"号科学考察船，在鄂霍次克海内进行了数年考察，考察重点海域在千岛群岛一带。他们对海水成分进行了深入的化验分析研究。特别是研究了海底火山区，看看海底温泉对海水成分究竟会造成什么影响。

"火山学家"号科学考察船在靠近海湾时，发现了6处海底温泉，水温相差悬殊，最低的一处水温只有17℃，最高的一处水温达95℃，其余几处水温在45℃左右。

由于存在着海底温泉，东海岸大片海域的水温升高1℃。对海水进行化验分析显示，海水成分中的矿物质含量增多，海水中钙盐、钠盐和钾盐的浓度均明显高于平均值，而且海水中还含有大量溶解的各种气体。距海底温泉较远处的海水变化甚少，说明影响极小，海水温度也没有差别。

海底温泉喷出来的水柱是一种奇观，它并不像大家想象的那样是和周围的海水混合在一起的，而是形成直达海面的巨型水柱。例如，"火山学家"号科学考察船在鄂霍次克海距巴拉穆什尔岛西面20千米处发现了一处海底大温泉，从500米深的海底升起来一个巨大水柱，用回声探测器就可测到这个大的"障碍物"。大水柱内的密度和周围海水明显不同，可是温度差别不大，只相差约半度左右，说明高温水柱在上升过程中温度散失很快，但水柱内的化学成分却可保持相对稳定，直至海面。拍摄的气体液热照片显示，在海水表层也能清楚地区分两种不同海水的分界线。我们期待海底温泉之谜将逐渐被人们揭开。

太平洋洋盆之谜

◉ ◉ ◉ ◉ ◉ ◉ ◉

太平洋是世界上最大的海洋，占全球面积的32%，是世界海洋总面积的46%。它的面积比世界所有陆地面积还要大得多。按照顺时针方向看，太平洋与南极洲、澳大利亚、印度尼西亚群岛、马来半岛、中国、西伯利亚、北美洲和南美洲接界，至于太平洋西南界的划分问题，科学家们还有不同的认识。

麦哲伦从东到西，横渡太平洋的航行，加快了人类对太平洋的探索速度。在这些探索之中，人们最为关心的问题之一，就是太平洋洋盆是怎样诞生的。

在19世纪之前，人们对海洋的认识极为肤浅，只是从宗教文化中提出过各种海洋起源的假说。直到半个多世纪前，进化论创始人达尔文的儿子——小达尔文，提出地球上最大的洼地——太平洋洋盆是月球甩离地球后留下的痕迹。"月抛说"理论，首次被这位英国天文学家提出来了。小达尔文通过自己的研究提出的理由是，除太平洋之外，其他大洋底部在玄武岩上覆盖了一层较轻的花岗岩，而太平洋底部则缺少这层花岗岩。这位天文学家提出这样的问题，太平洋的花岗岩岩层到哪里去了呢？于是，他提出了大胆的假说，月球原是地球的一部分，月球被抛出之后，便形成了太平洋洋盆。后来，苏联发射宇宙飞船到月球周围进行观测，查明月球上没有显著磁场，这给"月抛说"有力的支持。但是，当人类登上月球之后，才发现月球上的岩石并非都是花岗岩类。这样一来，太平洋洋盆起源于月球飞出的说法，也就不能成立了。

科学在发展，人们的认识也在由浅到深。计算表明，大陆的平均高度约800米，大洋平均深度约3800米，二者相差4600米。近代研究成果告诉我们，海陆的区分并不是地球表面偶然的起伏不平，而是由地壳组成的根本差异所决定的。陆壳质轻而浮起，洋壳质重而陷落。所以，要解开太平洋洋盆形成之谜，必然就要涉及洋壳的形成和演化问题。

洋壳形成与演化问题，仍然是科学家们研究的问题。一些学者认为，构成洋盆的洋壳早在地球形成初期就已经形成了，大陆则是后来形成并逐渐增生扩大的。现代各大洋盆地便是大陆增长以后原始大洋的残留部分。这是一个比较古老的学术思想。后来的学者们并不赞同这种说法。最有代表性的学者是奥地利的修斯。他认为，中生代中期前曾经存在冈瓦纳超级大陆。这个学术思想被后来的大陆漂移说创始人魏格纳进一步理论化。他认为，全球所有大陆都曾相互连接，构成统一的联合古陆。这就是说，在大

约2亿年前的中生代，大西洋和印度洋均不存在，随着大陆漂移，后来形成了新生大洋。在地质历史上，2亿年是相当年轻的时代。这种看法，当时并没有更多的证据，到了20世纪60年代之后，随着人们的深海钻探工作，特别是"格洛码·挑战者"号获得了大量世界各大洋海底岩芯资料，进一步证明了大西洋和印度洋的洋壳确实不老于中生代。人们可以得出这样的推断，构成洋盆底部的地壳并非形成于地球生成的初期；目前人们所见的洋壳的年龄都不超过地球年龄的二十分之一。

20世纪60年代后，人们根据海底扩张和板块构造说，对洋盆的生成提出了新的认识。这种理论认为，大约在2亿年前，地球上只有一个大陆，那就是联合古陆；只有一个大洋，那就是古太平洋。大西洋和印度洋是联合古陆破裂解体后的产物。2亿年前的中生代，地球上的陆地与今天有很大不同，原先连在一起的美洲与欧洲还有非洲之间，出现了一道长长的大裂口，这就是新大洋的雏形。随后，由于地

幔物质沿这道裂口不断涌出，冷凝成新的洋壳。古太平洋的海水，从裂缝中涌进新生的洋盆中，形成颇似今日非洲与阿拉伯半岛之间的红海景象。新的地幔物质被推出裂口，新洋壳不断形成扩展，老洋壳被推向两边，洋盆不断加宽。美洲陆块、欧洲陆块，还有非洲陆块互相分离，渐渐漂移到今天的位置。大西洋和印度洋也就在这种陆海变迁中从无到有，从小到大，变成了今天的模样。科学家所获得的深海钻探资料告诉我们，北大西洋洋盆只有17亿年，南大西洋和印度洋洋盆为13亿年，北冰洋的几个洋盆则可能更短些。

从古太平洋到今天各大洋的形成，似乎很难解释太平洋洋盆的起源问题。现代太平洋的前身，是围绕联合古陆的古太平洋；就是说，2亿多年前，地球上统一大洋的面积要比今天的太平洋大得多。

当大西洋和印度洋扩张增大，美洲和欧亚大陆等向太平洋方向漂移时，太平洋的面积是在减少。太平洋四周的海沟便是周围大陆掩覆太平洋边缘老洋底的地方，或者说，是老洋底消亡的场所。而在太平洋的中部洋底，那条太平洋中脊正是产生新洋壳的地方，它在不断生长和扩张。太平洋洋壳一边在生长扩张，一边又在消亡，就好像是一条传送带，不断地在更新着。今天，我们是否可以这样认识太平洋的洋壳：和大西洋和印度洋相比，太平洋则是一个换过底的旧脸盆；太平洋是古老的，它是古太平洋遗留下来的，但是太平洋的洋底却是年轻的；古老的太平洋洋壳早已消失。那么，古太平洋的历史究竟可以追溯到什么时候？它是怎样诞生的？这对今天的人们来说，依然是个难解的谜。

珊瑚岛形成之谜

◉ ◉ ◉ ◉ ◉ ◉ ◉

珊瑚岛是人类的宝贵财富，它不仅拥有丰富的热带生物资源，而且还蕴藏着大量的石油、天然气资源以及磷矿和铝土矿。然而，珊瑚岛是怎样形成的呢？

通常认为珊瑚岛是由珊瑚虫的骨骼堆积成的岛屿。在热带、亚热带浅海区的海底，生活着很多群体小型腔肠动物——珊瑚虫，每个珊瑚虫都能分泌出石灰质(钙质)的外骨骼，像小房子一样来保护自己柔弱的身体。这些外骨骼的颜色有白色、黄色、红色和蓝色；形状有的像松树，有的像怒放的秋菊，有的像密集的蜂巢，有的像丛生的灵芝，有的像牡丹或像其他小树，总是呈现千姿百态。当珊瑚虫死亡后，它们的子孙能一代代地在祖先的"遗骨"上继续繁殖下去，天长

日久，日积月累，就形成了各种各样石灰质的珊瑚丛，发展壮大为珊瑚岛。珊瑚岛又因其形状而分为岸礁、堡礁、环礁。

然而，科学家发现，珊瑚虫最好的生活条件是深度在60米以内的热带浅海，但海洋的深度常常在几百米至几千米之间，珊瑚虫不可能直接在那么深的海底生活和造礁。那么，美丽的珊瑚岛，特别是那些形状奇特的环礁，又是如何形成的呢？

1836年，达尔文在东印度洋上的可可岛(环礁)考察时，提出了关于火山岛下沉造成环礁的假说。1952年，美国在埃尼威托克环礁试爆氢弹后钻孔达1287米深时，终于发现了火山岩基底，使达尔文的假说得到了初步证实。但是这一假说

还无法在所有的环礁上得到证实，特别是火山的沉降无法说明大多数环礁中的湖一般水深不超过100米的原因。

地质学家戴利由此提出了"冰川控制论"的解释。他认为第四纪以来数百万年中发生了多次冰期，使海平面反复升降，其幅度大概是100米左右。每当冰期过后，海水温度回升，海洋环境又适宜珊瑚虫的大量繁殖，它们就在一些岛屿和大陆边缘的台地上迅速生长起来。随着海平面逐渐上升，珊瑚礁也跟着向上发展，环礁和堡礁也从台地边缘上增长起来。当海水淹没了整个台地，珊瑚礁却露出了海面。

问题似乎解释得很完美，但是科学家们仍在深思，其原因是，他们发现太平洋中很多环礁呈线状排列，例如，夏威夷群岛中的库尔岛、中途岛等珊瑚礁呈西北—东南排列。而且西北端的一些岛屿是环礁，向东南依次出现一些似环礁、岸礁，东南端则出现一些活火山。

20世纪60年代以后，板块学说似乎为解释这种珊瑚礁的成因提供了依据。板块学说认为，在板块与板块之间的活动地带存在着一些"热点"，是火山活动的中心。火山岛在热点生成后，随板块一起移动并逐渐向下俯冲，引起火山岛的沉降。在沉降过程中环礁逐渐形成。于是离热点越近，火山岛和珊瑚发育都较年轻；离热点越远，火山岛已沉没，而礁体变得很厚。这一种解释把板块学说和珊瑚礁的成因联系起来。但是，板块学说本身还处在假说阶段，板块何以会"动"还是一个谜。因此，很多探究珊瑚岛成因之谜的学者仍不满足这些解释，一些见解又纷纷提出。

因此，珊瑚岛的成因究竟是什么，还是一个有待进一步研究与证实的谜。

地中海的奥秘

◉　◉　◉　◉　◉　◉　◉

地中海是世界最大的陆间海，面积250万平方千米，平均水深1500米。意大利的西西里岛与非洲突尼斯之间的墨西拿海峡，把地中海分成东地中海与西地中海两部分。东地中海与西地中海有着完全不同的特点：东地中海海岸线曲折，多岛屿与半岛；西地中海海岸线平直，岛屿也少些。地中海东西两部分的海下地形也不相同。西地中海除了撒丁与科西嘉为突出海上的两座大型岛屿以外，是一个比较整齐的海盆；东地中海海下地形十分复杂，有海沟、海底山脉和海下火山。最大深度在东地中海，水深接近4800米。

1973年，"格洛玛·挑战者"号开进地中海，在海下进行一系列海底钻探。通过海下钻探得知，在地中海下的确埋藏着上百米厚的盐层，盐层中有石膏、氯化钠、氯化镁等。这些盐层的发现，说明了在遥远的地质时代，地中海确实干涸过，这些盐层正是地中海干涸时的产物。在地壳运动的作用下，有的地方的地下盐层向上层沉积物中移动，在上层的海洋沉积物中形成一个个有趣的"盐丘"。

地中海下巨厚盐层的惊人发现，引起了科学家们的普遍注意。为什么那么庞大的水体会干涸见底呢？人们第一个想到的是，在过去的年代里，确实出现过直布罗陀海峡关闭的情况。那么，直布罗陀海峡是什么时间关闭的呢？是什么原因引起直布罗陀海峡关闭，又是什么时间，什么原因使它重新打开的？直布罗陀海峡开启的背后还隐藏着多少科学奥秘呢？如此等等，都需要人们给以正确的回答。

现在比较流行的说法是，在遥远的地质历史长河中，地中海曾经是一个辽阔的大洋，人称"古地中海"，也叫"特提斯海"。那时，世界大陆的分布格局与今天完全不同。由非洲、印度与澳大利亚、南极洲等陆块联合起来，形成一个完整的冈瓦纳古陆，位于这个大洋的南方，在北方则是古老的欧亚古陆。

大约在距今25亿年前，冈瓦纳古陆开始分裂，并向北移动。到了22亿年前，冈瓦纳古陆与欧亚古陆相撞，古地中海变小，逐渐被大陆封闭起来，但仍然有海水通道与大洋相连，维系着地中海的生命。到了距今800万年以前，地中海已经与大洋失去了联系，到了距今700万年前，地中海的海水被全部蒸发光。今天我们发现的沉积在地中海海底的盐层就是在这个时期产生的。

到了距今550万年前，地壳又发生了一次大的变动，直布罗陀海峡裂开，大西洋海水从海峡重新进入地中海。有人估计，当时大西洋水灌进地中海的情景一定十分可观。

地中海未来的命运是什么样的呢？根据海底扩张说，地中海在全球海洋发展史中，属于"残留海"一类，它是遥远古代特提斯海的残留物。在非洲板块向北漂动的同时，特提斯海面积不断缩小，原来同属于特提斯海的一部分，又与地中海相连的里海、咸海与大海完全脱离，变成内陆的湖泊。黑海也变成地中海的一个特殊的海区，靠着一条细细的土耳其海峡与地中海相连。而地中海也依赖直布罗陀海峡维持着生命，终有一天会从地球上完全消失。

红海能变成大洋吗

◉ ◉ ◉ ◉ ◉ ◉ ◉ ◉ ◉

打开世界地图，会发现，在亚洲阿拉伯半岛与非洲东北部海岸之间，有一个狭长的内海，那就是举世闻名的红海。红海的战略位置十分重要，它是沟通欧亚两大洲，连接印度洋与地中海的天然水道，每年都有成千上万艘船只从这里通过。

红海引人注意的地方在于它奇特的形状。它海面轮廓狭长，两端收束，轴线呈西北—东南走向，东南一端为曼德海峡，过了曼德海峡进入印度洋；西北部的亚喀巴湾与苏伊士湾像是一条昆虫的两只触角，细细地伸进阿拉伯半岛与非洲大陆之间。

红海这种奇怪的形状是什么原因造成的呢？

板块学说诞生以后，对红海的形成有了一个全新的解释。科学家们认为，大约在4000万年以前，地球上并没有红海。那时红海还没有形成，非洲与阿拉伯半岛还是连在一起的。后来，就在今天红海的位置上，地壳发生了断裂，阿拉伯半岛的陆块不断向北移动，红海谷地不断展宽，印度洋的海水通过曼德海峡灌了进来，最后形成了今天的红海。

据科学家研究，阿拉伯板块的北移并不是单纯的平移，而是带有一种转动的性质。有人曾经利用古地磁的方法进行测量，发现阿拉伯半岛在上第三纪以来，曾经发生过逆时针方向的运动，并且向北转了7°。

证明红海扩张还有一个重要的事实。人们在红海上航行时意外地发现，在红海海区内有两处海水水温特别高。取样化验又发现不但水温高，而且海水的含盐量也大大地超过正常红海海水的含盐量。人们把红海上的这一奇怪现象叫做红海的"热洞"。后来经过海底取样才知道，在这两个热洞下方的红海海底，有两个不断喷涌的热泉。热泉不但带来了热量，也带来了大量矿物质。人们判断，形成热泉的原因，一定与红海地壳下面活跃的岩浆活动有关，岩浆活动正是地壳不断扩张的结果。

此外，吉布提还有众多的火山温泉，说明地壳活动十分活跃。以上的迹象表明，这块与阿拉伯半岛并不重合的地方，原本就是红海的一部分，只不过是在最新地质时期，因为地壳运动刚刚露出海面罢了。其实，吉布提地区地势仍然很低，境内的阿萨勒湖，低于海平面155米，是整个非洲大陆的最低点。

按照板块学说的观点，如今的大洋都是昨天的陆地分裂并不断向两侧移动造成的。他们用发展的眼光，把世界海洋的发育历史分成若干阶段，比方说，大西洋正处在发育旺盛阶段，叫"壮年海"；太平洋处在发育后期，叫"老年海"；地中海却在不断萎缩，所以叫"残留海"；而红海则处于发育初期阶段，称为"幼年海"。上面提到的东非大裂谷，海洋还没有形成，只产生了不少湖泊，所以，只能叫"胚胎海"。据研究，目前，红海的扩张还在继续，大约每年向两侧扩张2厘米。

现在，按照板块学说，只要红海的扩张过程不停止，随着时间的推移，终有一天，红海一定会变成一个名副其实的大洋，这是一种说法。另一种说法是，即使红海今天的扩张运动一直在进行，但却无法保证海底扩张以后会一直持续下去。据今天掌握的材料，在以往漫长的地壳发展史中，有的板块不停地移动，最后形成了大洋；有的板块则在移动过程中，受到其他板块的阻挡，中途停止了移动，大洋并未形成。

总而言之，红海的未来，还要用时间加以证明。

深海平顶山之谜

◉ ◉ ◉ ◉ ◉ ◉

在神秘的深海世界里，颇令人迷惑不解的，要算是平顶山了。平顶山的顶巅，就像是被快刀削过似的那么平坦，它的名字就是这么得来的。

第二次世界大战期间，美国普林斯顿大学赫斯教授在美海军任舰长时，曾对太平洋的深度进行过一些探测，第一次发现了从夏威夷到马里亚纳群岛一带四五千米的深海海底，耸立着许多平顶的山峰。以后的进一步测量证实，这些平顶的山峰，顶部的直径约有5海里，把山脚计算在内，形成直径约9海里左右的高台。山腰最陡的地方倾斜约达32°，再往下形成缓坡，并呈现阶梯状，山顶约距海面2000米。这些情况是所有海底平顶山的共同特征。

这些深海平顶山，分布在除了太阳和星星以外就看不见其他任何目标的太平洋的海底。在这里，由于它们的形状独特，便成了极为突出的海底航标。航行在这一带的船只，只要有一幅反映海底平顶山分布位置和水深情况的海图，使用方位仪和声波测深仪，就可准确地测定出船位。深海平顶山就这样为现代航海做出了贡献。

凡是存在深海平顶山的地方，一般都是良好的天然渔场。因为当深层水流冲击深海平顶山时，便产生一种上升水流，深海里的营养物质随着上升水流浮至浅层海面，海水中营养物质一多，就会麇集起众多的浮游生物，从而吸引鱼群到这里来觅食，形成良好的渔场。

深海平顶山是怎样形成的呢？

这是正在探索中的一个自然之谜。

令人惊讶的是，人们在太平洋西部靠近美国加利福尼亚的一座海底平顶山的山顶上，采集到了白垩纪的圆形鹅卵石，而在这座平顶山的山麓下，采集的却是火山岩岩石。其后不久，美国斯克里普斯海洋研究所的"彼得"号考察船，在北太平洋北部一座海底平顶山山麓，同时发现了光滑浑圆的鹅卵石和全身布满小孔的火山浮石。这一下使人们陷入了雾里，对深海平顶山的成因越发感到莫名其妙了。

因为这种圆形的鹅卵石只有在海岸附近岩石不断受到海浪冲击才有可能形成。从常识来判断，深海海底是没有条件形成这种鹅卵石的。那么，深海平顶山上的这些鹅卵石是从何而来的呢？

这是一个关系到深海平顶山成因的问题，人们对此提出了种种假设。有的说，深海平顶山是由接近海面的环形珊瑚礁下沉形成的；有的说，深海平顶山是太古时期的环形礁下沉，又被深海沉积物填平其凹陷而形成的。可是这些假设对平顶山山顶和山麓的火山浮石，以及斜坡的阶梯状坡形这些不容忽视的重要特征，都未能给出科学的解释，因此，无法令人信服。以后，又产生了深海平顶山是以往古火山形成的假设，这个假说现在已经成了板块学说的一部分。

迄今为止，深海平顶山的成因一直是海洋地质学的重大研究课题。耸立在太平洋深海海底绵延数千里的奇特的水下山脉，拔出数以百计的顶巅平坦的奇妙山峰，仅这一现象，就使人感到非常神秘。但是，要彻底揭开深海平顶山的成因之谜，还有待科学家们今后的研究和探索。

海水吞没地球之谜

据最新卫星图片显示，位于印度洋北部的马尔代夫共和国，已有数平方千米的小岛正在悄然消失。与此同时，科学家也惊讶地发现，辽阔的尼罗河也在下沉，我国大陆上的长江三角洲和珠江三角洲地基也在不断下降……

这是多么令人恐惧的事情呀！人们不禁要问：难道地球真的有一天会被海水吞没吗？

实际上，古代就有关于洪水淹没陆地的记载。在著名的中国古代文献《淮南子》中，记述过古代的一个重要天文地理现象："天倾西北，故日月星辰移焉"，"地不满东南，故水淹尘埃归焉"。由此可推断，当时许多星辰向西北方向发生了明显移位。针对这种现象，科学家分析认为，这可能是地轴由西北向东南方向偏移造成的，而地轴偏移可能又与地球磁场变化有关。实际上，地球磁场并不是永恒不变的，整个地球磁场曾经发生过颠倒，南磁极与北磁极曾经对换过位置。

而地球磁极的变化必然会导致地球表面海洋和陆地的剧烈动荡，《淮南子》中所记述的现象，大概就是这种情况的真实写照。有专家认为，那是一颗行星与地球擦肩而过或是地球与月球引力所产生的巨大作用力，使地球上的海水涌向陆地造成的动荡。因为即使直径比月亮小很多的行星，在距地球3.7万千米的地方通过，所产生的巨大作用力，也足以使海水以排山倒海之势席卷大陆，吞没广大平原和低洼地区，于是那些人类曾经居住过的广大地区，变成了汪洋大海……

在《旧约·创世纪》第七章中，也有相似的记述。有一天，"大渊的源泉都裂开了，天上的窗户也敞开了，连续40昼夜大雨降在地上……水势浩大，天上的高山都淹没了，地上的生灵都死尽了"。只有诺亚，因为事先得到耶和华的指点，造了方舟，才得以逃生。

古代亚述人写的泥版上，也有类似的洪灾记录。据说，这块泥版保存在亚述国王亚述巴尼帕一世的藏书楼内，不知后来怎么摔成了碎片。1872年，一位英国考古学家在重新拼合这块泥版时，惊奇地发现泥版上竟有着与《圣经》诺亚故事非常相似的水灾记录。

于是专家们认为，所有这些描述指的都是同一次洪水，而且这次洪水在公元前5000年以前的某个时间曾淹没了整个世界。后来，科学家经过考证发现，在地球史、人类史上，确实发生过全球性的洪水灾难。汹涌的洪水曾经猖狂地将大陆淹没，致使桑田沦为沧海，直到后来洪水退去，人类才再次来到这些地方生活和繁衍后代。

现在，世界气温逐年升高，海平面也在一直上升，人类是否也将面临着一场洪灾呢？

在1989年11月21日召开的拉美和加勒比气象和水文经济效益技术大会上，世界气象组织秘书长戈德温·奥巴西不无担心地指出："据世界各地170个气象站关于地球大气污染的报告，目前，大气中二氧化碳的含量比1880年提高了50%。"由于温室效应的原因，2020年的地球气温将比现在升高4℃。别小看这小小的4℃，它会使南北极大量冰山融化，世界洋面也将因此上升40～140厘米！

假如世界洋面上升1米，情景又该如何呢？科学家告诉我们，到那时，不仅那些珊瑚岛国会遭受灭顶之灾，就是沿海一带地势平坦的三角洲与河口三角洲也会被海水无情地吞噬掉。许多岛国的居民将不得不背井离乡，为了寻找一块安身之地而四处奔波。有些国家的大片肥沃耕地，也会沦为海域，从而造成粮食短缺，人们将生活在饥饿和恐惧之中。就连美国的陆地面积也要减少20万平方千米……

板块构造之谜

◉　◉　◉　◉　◉　◉

板块构造学说认为，地球的岩层，原来是一块统一的联合大陆，后来被一些构造活动带（海岭、岛弧、水平大断裂）分割，形成6个巨大的板块，即欧亚板块、美洲板块、非洲板块、太平洋板块、大洋洲板块和南极板块。这些由较轻的硅铝层组成的大板块，像冰山漂浮在水中一样，骑在较重的硅镁层之上，自东向西或从极地向赤道方向漂移。科学界认为，大陆漂移与地球内部构造有关。

地球的内部构造很像一个鸡蛋的构造，蛋皮好像是地壳，不过，现在的地壳不是完整的，而是由6个板块拼合成的。地壳平均厚度约

传说地球的岩层原来是一块统一的联合大陆

为35千米。地壳以下为平均厚度近3000千米的地幔。地幔的上层称为软流圈，这里的物质已被熔化，犹如鸡蛋的蛋清。地幔以下是地核。

板块学说刚兴起时，人们把板块漂移的动力归于软流圈的对流。板块学说认为，地幔内部温度虽然很高，但各处并不一致，温度高的物质流向温度低的地方；地幔内各处的压力也不相同，受高压作用的物质会流向压力较低的地方；地幔内的物质的密度也不相同，重的物质向下沉降，轻的物质向上升起，于是就产生了对流。由于软流圈产生物质的流动，上面的6个大板块也随着移动。但是，有些科学家通过试验和测算，认为地幔内物质的结构和某些流变性质强度，对于对流有重大影响，如地幔内的岩浆的黏滞度足以阻止对流，足够大的弹性强度可以制止对流的产生。因此，说地幔对流存在，还缺乏科学根据，它只是一种假想。有人还提出地球膨胀、万有引力常数的变化等作为板块活动的动力来源，但都不能成立。至今，大陆漂移的动力来源仍然是个自然之谜。

海底峡谷之谜

◉　◉　◉　◉　◉　◉

在大洋边缘的大陆架和大陆坡上，人们经常会发现陡峭、极其壮观的海底峡谷。那么，海底峡谷是怎样形成的呢？

有人认为，海底峡谷是由地震引起的海啸侵蚀海底而成的。可是，在没有海啸的地区也发现有海底峡谷。可见，海啸之说不能用来解释所有海底峡谷的成因。

河蚀说的拥护者认为，这些海底峡谷所在的海底过去曾经是陆地，河流剥蚀出的陆上峡谷后来由于地壳下沉或海面上升，才被淹没于波涛之下成为海底峡谷。日本学者星野通平就认为历史上海平面曾一度比现在低数千米，大陆架和大陆坡那时均是陆地。不过，现代地质学研究表明，全球海平面大起大落幅度达数千米，是根本不可能

的。至于某些陆架、陆坡区地壳大幅度升降的说法，倒是可以接受的，但海底峡谷也广泛见于地壳运动平静的构造稳定区，所以，陆上峡谷被淹没的说法不能作为海底峡谷的普遍成因。

1885年，科学家发现，富含泥沙的罗纳河河水注入清澈的湖水之下，沿湖底顺坡下流。以后科学界把这种高密度的水流称做浊流。1936年，美国学者德利在阅读一篇描述日内瓦湖浊流现象的文章时，猛然意识到，海底峡谷很可能就是由海底浊流开拓出来的。携带大量泥沙，沿海底斜坡奔腾而下的浊流，应具有强大的侵蚀能力。不过，当时还从未有人观察过海底蚀流现象，所以，人们对这一说法仍然将信将疑。到了二十世纪四五十

年代，海洋地质学界通过深入研究，得出浊流具有强大的侵蚀能力的结论。1952年，美国海洋学家希曾等人研究了1929年纽芬兰岸外海底电缆在一昼夜间沿陆坡向下依次折断的事件，判定肇事者正是强大的海底浊流。希曾等人还根据海底电缆依次折断的时间，推算出这股浊流在坡度最大处流速高达28米／秒，在到达水深6000米的深海平原时，流速仍有4米／秒。自陆坡至深海洋底浊流长驱达数千千米之遥。这以后，海底浊流的存在逐渐为广大学者所接受。

海底浊流虽有较强的侵蚀能力，但海底峡谷的规模太大了，光靠浊流能否切割出深达数百米乃至数千米的海底峡谷，对此，一些学者仍表示怀疑。

海底峡谷究竟是什么原因造成的，还需要海洋地质学家进一步研究探索。

坚硬的岩石是否被猛烈的浊流劈开还有待研究

沙漠产生之谜

◎　◎　◎　◎　◎　◎　◎

据统计，地球上沙漠总面积约1500多万平方千米，占地球陆地总面积的1/10，而且这个数字还在不断增大。那么，面积如此大的沙漠，究竟是怎样形成的呢？

传统的观念认为，沙漠是地球上干旱气候的产物。从地球上沙漠的分布来看，也证实了这一观点。目前，世界上的大部分沙漠都集中在南、北纬之间，如北非的撒哈拉大沙漠，澳大利亚的维多利亚大沙漠，南亚的塔尔沙漠，阿拉伯半岛的鲁卜哈里沙漠等等。这是因为地球自转使得这一地带长期笼罩在大气环流的下沉气流之中，气流下沉破坏了成雨的过程，形成了干旱的气候，造就了茫茫的大漠。

然而，这一理论并不能解释所有沙漠的成因，比如塔尔沙漠，它的上空湿润多水，而且当西南季风来临时，那里的空气中水汽的含量几乎能与热带雨林地区相比。于是，有人认为，尘埃是形成塔尔沙漠的主要原因。

科学家们发现，塔尔沙漠上空的空气浑浊不堪，尘埃密度超过芝加哥上空几倍。尘埃白天遮住了阳光，大气灰蒙蒙的，略呈暗红色，夜间也不见群星。尘埃一方面反射一部分阳光，另一方面又吸收一部分阳光，使本身增温而散热。白天因为尘埃弥漫使得地面缺少加热，空气就不能上升。夜间，尘埃以散热冷却为主，空气下沉，同时也减弱了地面的散热。于是此地既无降雨条件，又无成露可能。尘埃在这里竟制服了湿气，使地面只能形成沙漠。

那么，这么多的尘埃又源于何处呢？有的学者指出，塔尔沙漠的尘埃最初是人类制造的，人类是破坏生态环境，制造沙漠的真正凶手！正如200年前法国哲学家夏托·布赖恩所说的："野蛮时期是森林、草原，到了文明时期却成了沙漠。"持这一观点的人还以世界上最大的沙漠——撒哈拉沙漠的演变为例，证明自己的观点。

撒哈拉沙漠的大部分地区，在远古时代曾是一片植物茂盛的肥沃土地，绿叶葱翠，禽兽成群，万木竞荣……后来，由于人类破坏了原有的生态环境，才"制造"了沙漠。干旱的气候不是元凶，它只是提供了形成沙漠的适宜条件。

但也有人不完全同意上述观点，认为撒哈拉沙漠的形成，最初是很缓慢的，直至公元前5000年，不知从什么地方飞来铺天盖地的黄沙，才使此地变成了辽阔无际的沙漠瀚海。然而这突如其来的黄沙，又是从哪里飞来的呢？没有人能确切地回答这一问题。

到底是谁制造了沙漠？

海岛沉浮之谜

◎　◎　◎　◎　◎　◎　◎

相传1831年7月7日，在地中海西西里岛西南方的海面上，蓦然间烟雾腾空，水柱冲天、火光闪闪，在一阵震耳欲聋的轰鸣、夹杂着刺耳的嗞嗞声中，从海里升起一座高出海面60米、方圆约5000米的小岛，热气腾腾像个刚出笼的大馒头。英国国王立即向全世界宣布，这个新诞生的小岛是英国的领土，并命名为尤丽娅岛。谁知在3个月后，尤丽娅岛竟然不辞而别，悄悄地隐没在万顷碧波中不见了。

海岛为什么会隐而复现，现而复隐呢？这是地壳不停运动的缘故。其实，在漫长的地质史中，海洋变为陆地，陆地变为海洋，洼地隆起成山，山脉夷为平地，是屡见不鲜的。

荷兰的海滨，从公元8世纪以来，一直以每年约2毫米的速度下沉着。现在荷兰的大部分地区已经低于海平面，若不是有坚固的堤坝来阻挡海水的入侵，这些低地早已沉入海底而不存在了。喜马拉雅山脉是世界上年轻而又高大的山脉。我国科学工作者在喜马拉雅山地区考察发现，这里有三叶虫、腕足类、舌羊齿等生活在浅海中的动植物化石，说明早在3000多万年以前，这地方还是一片浩瀚的海洋。以后，由于地壳的运动，才隆起成为陆地。当喜马拉雅山刚刚露出海面来到世间的时候，只不过是个普通的山岭。近几百万年以来，它却以每一万年几十米的速度迅速升高，终于超过了其他名山古岳，获得了"世界屋脊"的光荣称号。但它并不满足，仍以每年18.2毫米的速度继续升高着！

公元前2世纪，意大利的那不勒斯海湾修建了一座名叫塞拉比斯的古庙。现在这座古庙早已倒塌，只剩下三根高达12米的大理石柱子，矗立在海滩之上。这三根柱子的上部和下部，表面都非常光滑洁净，唯有当中的一截，从高达3.6米向上到6.1米的地方，坑坑洼洼，布满了海生软体动物穿石蛤所穿凿的洞穴。这是怎么回事呢？原来在两千多年前，当塞拉比斯庙修建的时候，这里还是一片陆地，以后地壳逐渐下沉，柱子的下面一截，被海水中的泥沙和维苏威火山灰所覆盖。到了13世纪时，海水已淹到6米以上，海生软体动物就附着在石柱上。以后，由于地壳上升，海水逐渐退去。现在这三根柱子当中一截上的小洞穴，就成了那不勒斯海湾历经沧桑的标志。

在沧桑之变的史册中，关于大西洲是否真的存在问题，还是一个有待我们用科学去把它解开的千古之谜。

古希腊著名的哲学家兼数学家柏拉图（前427～前347），曾在他的两篇对话式著作中，详细地记载着一个传说：大约距当时9000年前，大西洋中有一个非常大的岛屿，叫大西洲。那里气候温和，森林茂密，奇花异草，景色万千，还盛产黄金。岛上有个文化相当发达的强国，由十个酋长统治着，每隔十年聚会一次，共商国家大事，国家有座富丽堂皇的宫殿，建筑在山顶之上。这个国家不仅统治着附近的岛屿，而且还支配着对岸大陆上的一些地方。它凭着自己强大的经济和军事力量，曾经对欧洲和非洲发动过侵略战争，其势力范围直达北非的埃及和欧洲的某些地区。后来，由于发生了一次强烈的地震，仅在一天一夜之间，大西洲就沉沦在大西洋底。

不管是喜马拉雅山的崛起，或者是尚未解开的大西洲之谜，都说明沧海会变成桑田，桑田也会变成沧海的客观规律。沧桑之变的原因，主要是由于地壳不停地运动的结果。由于地壳的运动，使某些地区的陆地沉降或者抬升，引起周围海面的变化；由于地壳的运动，使某些地区的海面上升或者后退，引起陆地的沉浮。时间老人告诉我们，地壳运动是缓慢的，地质历史是漫长的。沧桑之变，从地球诞生以来，从来没有停止过，今天依然存在着，将来也一定不会终止。

火山之谜

◉　◉　◉　◉

早在两千多年前，我国古代书籍《山海经》中，就记载了昆仑山一带有"炎火之山"，以为"山在燃烧"，因名"火山"。这是世界上关于火山的最早记载。

"火山"是地球内部熔融岩浆等高温物质喷出地表堆积形成的高地。火山喷发时，地球表面就像被炸开了一条连接地下深处的通道，一根通向岩浆源地的"喉管"，一时间，大量炽热的岩浆、气体、尘

由于火山喷发而形成的蘑菇云

埃和围岩碎屑、熔岩块、石块等，从"喉管"中喷射而出，冲向高空，形成了一根巨大粗壮的火柱，火柱冲至一定高度，体积急速膨胀，形成了似氢弹爆炸的蘑菇状烟云，烟云是由喷出的气体、水蒸气以及细小的火山碎屑物（包括火山灰）、岩屑物质等构成，其中带正电荷的大量水汽与带负电荷的火山灰在高空相遇，由于高空气温低，两者结合迅速凝结成雨滴，以暴雨形式降落，并伴有电闪雷鸣，形成了一幅既壮丽又可怕的自然景象。

暴雨挟带着火山碎屑物和岩屑物质倾注而下，形成火山泥石流，常和熔岩一起，急剧地顺地势向低处流动。

火山喷发，是释放地球内部能量的一种形式。不同类型的火山，

因喷发方式不同，其喷出物的性质也不一样。

当火山喷出的是酸性岩浆时，熔岩所含的气体特别多，熔岩流很黏稠，流动速度较慢，气体不易散逸，容易堵塞"喉管"。此时，熔岩流犹似巨大的瓶塞，堵住了"喉管"，这样，就造成"瓶塞"，下面岩浆中的高压气体愈积愈多，压力愈积愈大，一旦熔融岩浆积聚的压力大于"瓶塞"的压力时，便冲破"瓶塞"而出，发生猛烈爆炸。与此同时，大量气体、火山弹、火山砾、火山豆、火山灰等固体喷发物被喷射入空中。

到目前为止，数位于印度尼西亚苏门答腊和爪哇岛之间的喀拉喀托火山的魔力最大。它自1883年5月20日起，这个平静了200年的火山又重新活动，尤以同年8月26日的那次大爆发威力最大，也最为猛烈。喀拉喀托火山将自己所在岛屿的面积炸掉了三分之二，迅速形成一个三百多米深的海盆。喷出的巨大火柱直冲云霄，烟云冲上7～8万米的高空；火山灰远渡重洋，环游世界，飘浮空中长达数月之久，以致世界各地在日出或日落时，都可以看到由火山灰反射太阳光形成的灿烂霞光。火山爆炸时发生的轰鸣声，连远在4800千米以外的非洲毛里求斯所属的罗德里格斯岛都能听到，爆炸引起的强烈海啸所掀起的海浪，高达三十余米，洗劫了爪哇、苏门答腊等岛的沿海地区，死亡人数达4万多人，咆哮的海涛波及全世界所有的大洋。

像这类大发"脾气"、爆炸式喷发的火山，属中心式喷发，岩浆性质以酸性、中性为多，酸性、中性岩浆喷发后，火山喷出物常常在火山口即"喉管"周围堆积，称锥形火山。著名的日本富士山、意大利维苏威火山，都是锥形火山。

阿苏伊幽谷之谜

⦿　⦿　⦿　⦿　⦿　⦿　⦿

　　阿尔及利亚的朱尔朱拉山是一个风景秀丽的游览胜地，那漫山遍野的鲜花、灌木、雪松、橡树和山樱桃等植物，以它们各自的独特风采吸引了一批又一批的游人前来欣赏这俏丽多姿的山色；那一个个岩洞和一个个峡谷，以它们各自的神秘和深邃吸引了勇敢的探险者前来探寻这大自然的奥秘。

　　在朱尔朱拉山的峡谷当中，有一个十分著名的峡谷，叫"阿苏伊幽谷"，是非洲最深的一个大峡谷。可是，阿苏伊幽谷到底有多深，人们从来就没有探查清楚。那谷底到底是什么样，就更没有办法知道了。

　　1947年，阿尔及利亚和一些外国专家组成了一支联合探险队，来到阿苏伊幽谷，准备探明它到底有多深。他们挑选了一个身强力壮，又有丰富经验的探险队员，第一个去尝试。这个探险队员系好保险绳，朝着幽谷下边看了一眼，就顺着陡峭的山崖一步一步地滑了下去。上面的探险队员们紧紧地抓着保险绳，保护着他的安全。保险绳上拴着深度的标记。

　　这个探险队员一步一步地往下滑动着，时间一分一分地过去了，保险绳上的标记也在100米、300米、500米地往下移动着。这时候，这个探险队员还在一步步地向着谷底摸索着。等到他下到505米的时候，还是没有看见谷底。忽然，这个探险队员觉得身体越来越不舒服，心想：这要是再往下走，恐怕就会发生危险了。没有办法，只好上去吧。于是，这个探险队员拉了拉保险绳，上边的探险队员赶紧把他拉了上来。

就这样，这次探险活动也就结束了，人们对阿苏伊幽谷的秘密还是一无所知。

1982年，又有一支考察队来到阿苏伊幽谷，他们决心一定下到超过505米的那个深度。只见一个队员系好保险绳，慢慢地朝着谷底滑了下去。当他下到810米深的时候，说什么也不敢再往下走了，只好爬了上来。这时候，一个经常跟山洞打交道的队员已经系好保险绳。他十分镇静地朝着谷底看了看，然后就一米一米地滑了下去。

山顶上的人们睁大眼睛死死地盯着保险绳上的标志，800米，810米，820米，只见保险绳又往下滑动了1米。可是奇怪的事情发生了，这个洞穴专家突然出现了一种莫名其妙的恐惧，连朝谷底深处看一眼的勇气也没有了。就这样，他只好摇了摇保险绳，一步一步地返回了。

这么一来，821米这个深度就成了阿苏伊幽谷探险家们所创造下的最高纪录了。至于阿苏伊幽谷究

深不见底的山谷，让人望而生畏

竟有多深，那神秘的谷底到底有些什么东西，一直到现在也没能解开这个谜。

人们对朱尔朱拉山阿苏伊幽谷的这些谜团还没有解开，山上的一些奇异现象又为朱尔朱拉山蒙上了一层神秘的色彩。

原来，人们发现：在朱尔朱拉山，每当雨季来临之际，当倾盆大雨汇集成大水流，沿着地面冲出去几十米以后，就会奇怪地消失在山谷里面，然后在千米之下的地方再重新流淌出来。当地的人们利用水

流的这个特点，在山谷涌出的急流上建起了一座小型的发电站。

那么，朱尔朱拉山水流的这种奇怪的现象，到底是怎么回事呢？许多科学家想解开这个谜团，他们纷纷来到这里，考察、研究了一年又一年。最后，他们提出了各自的见解。

阿尔及利亚有一个名字叫谢巴布·穆罕默德的洞穴专家，曾经多次探索和研究了这种奇异的现象。他认为，这种现象只能说明在朱尔朱拉山的深处有一个巨大的水潭，而当雨水沿着峡谷流入这个水潭里面汇集到一块儿的时候，就会急速地奔流出来。这样，就形成了山下的急流。

不过，许多科学家都不同意谢巴布·穆罕默德的这种看法。他们认为：如果流出几十米远的水都可以流到千米外的那个深水潭，那么整个朱尔朱拉山简直就是一座千疮百孔的漏斗山了。如果真的是那样

的话，人们就应该能够看到那许许多多一直通往山底的峡谷。

这些解释听起来都有一定的道理，可是科学家们各说各的道理，很难有一个统一的结论，而只有事实才能够真正地证实谁的看法是正确的。看来，人们如果想要揭开朱尔朱拉山的这些谜团，只能靠进一步的考察了。当地政府也正在组织专家们继续进行勘察探索，找到那个想象中的积水潭，探明阿苏伊幽谷的真实面目，揭开朱尔朱拉山神秘的面纱……

幽深的山谷隐藏在浓密的树荫下，吸引了众多的勇者

埃弗里波斯海峡之谜

世界各地的海洋潮汐均有规律可循，并可进行潮汐升降涨退的预报；世界各地的海流都有各自相对固定的路径、流向和流速，即使发生变化，也有规律可循。唯有埃弗里波斯海峡的海波、流向和流速变化不定，没有规律，变化的原因不明。

著名的埃弗里波斯海峡，是位于希腊本土与希腊第二大岛——埃维厄岛之间的一条长长的海峡。

自古以来，埃弗里波斯海峡就是个神秘莫测的地方。早在古希腊时代，大哲学家、科学家亚里士多德和许多的科学家就对这里的奇异的水流产生了浓厚的兴趣，企图解开这令人迷惑的水流之谜。

原来，在埃弗里波斯海峡中部的卡尔基斯市附近，海水的流向反复无常，一昼夜之间一般要变化6～7次，有时甚至要变化11～14次。与此同时，海水流速可达每小时几十海里，这给过往船只带来了很大的危险。有时候，变幻莫测的海面突然变得十分宁静，海水停止了流动，然而可能不到半个小时，海水又汹涌澎湃、奔腾咆哮起来。也有的时候，海水竟能一连几个小时朝着一个方向奔流而去。

继亚里士多德以后，两千多年来，许多国家的各方面专家纷纷对埃弗里波斯海峡令人费解的水流进行研究和探索，最终均一无所获。

不久前，希腊科学家提出，这种现象是地中海海水的自然波动、起伏所致。然而，这种看法早在古希腊时亚里士多德即已提出，并不是什么新的理论，更无法具体说明埃弗里波斯海峡水流异常的原因。

地温冷热颠倒之谜

◉ ◉ ◉ ◉ ◉ ◉ ◉ ◉ ◉

绕行于太阳的地球，以它固有的运行规律决定了一年一度的春夏秋冬如期而至。每当数九寒冬和酷热的盛夏来临之际，爱幻想的人们总是渴望能有一个冬暖夏凉的地方。真是天公作美，随人心愿，世上竟有一部分幸运的人居住在冬暖夏凉的"地方"，这"地方"就是辽宁省东部山区桓仁县境内被人们叹为观止的"地温异常带"，这条"地温异常带"一头系于浑江左岸，沙尖子满族镇政府驻地南1.5千米处的船营沟里；另一端系于浑江右岸、宽甸县境内的牛蹄山麓。整个"地温异常带"长约15千米，面积为10.6万平方米。

在这块土地上，随着夏天的到来，地下温度便逐渐开始下降。当气温高达30℃的盛夏时，在这里地下1米深处，温度竟至-12℃，达到滴水成冰的程度。特别是船营沟任洪福家房后的一道长约1000米、宽约20米的小山冈，则更为明显。1995年的一个夏天，任洪福的父亲任万顺，在堆砌房北头的护坡时，发现从扒开表土的岩石空隙里，冒出了刺骨的寒气。老汉感到很是惊讶，于是就在这里用石块垒成了长宽不足2尺、深达2尺半的小洞。夏季里，这个小洞就变成了一个天然的冰箱，散发出阵阵寒气，这时人站在距洞口六七米远的地方，就会被这寒气冻得难以忍受；他们将鸡蛋放在洞口，鸡蛋都冻破了皮；将一杯糖水放入洞内，很快就被冻成冰块。入秋后，这里的气温开始节节上升，到了朔风凛冽、隆冬降临时，这"地温异常带"上却是热气腾腾，这时在地下1米深处的温度可达17℃，任洪福家的

"天然大冰箱"这时又变成了"保温箱"。人们在任家山后的山冈上看到，虽然大地已经封冻，但种在这里的角瓜，却是蔓壮叶肥，周围的小草也是绿茵茵的。任家在这里平整了一小块地，上面盖上塑料棚，在这棚里种上大葱、大蒜，大葱长得翠绿，蒜苗已割了两茬。人们经过测定发现在这棚内气温可保持17℃，地温保持15℃。在这小岗上整个冬春始终存不住雪。任洪福老汉充分利用了这一条件，在这道土岗的护坡前盖了三间房子，利用洞口的冷气制成了小冷库。为乡亲和沙尖子镇饭店、医院、酒厂、兽医站等单位储存鱼、肉、疫苗等物品，其冷冻效果十分理想。

无独有偶，在河南林县石板岩乡西北部的太行山半腰，有一个海拔1500米叫"冰冰背"的地方，也是个冬暖夏凉的地方，在这里阳春三月开始结冰，冰期长达5个月，寒冬腊月，热气如蒸，从乱石下溢出的泉水，温暖宜人，小溪两岸奇花异草，嫩绿鲜艳。

人们知道，自然界的冷暖取决于太阳的光热，随着地球的自转，当它与太阳距离缩短时，太阳辐射给地球的热能就增加，使地球变暖、变热。反之，地球就变凉、变冷。由此形成了地球的一年四季、春夏秋冬。而这奇异的土地却打破了这一自然规律，出现了超自然的现象，它的冷热不随外界变化而变化，而有其自身的变化规律。那么，当外界变暖时，它的地下为什么会那么寒冷？外界变冷时，它又是从哪里获得的热源呢？这奇异的现象，引起了许多科研人员的注意。他们有的认为，在这种冷热反常的地带，它的地下可能有庞大的储气构造和特殊的保温层，大气对流于这特殊的地质构造之中，才导致了这奇异的现象。另有些人认为，这里的地下有寒热两条储气带同时释放气流，遇寒则热气显、遇热则冷气显。还有人则认为，这个地下庞大储气带的上面有一特殊的阀门，冬春自动开闭，从而导致这种现象的发生。这种种分析只是推论而已，究竟这地温异常带是如何形成的？这里的地质结构有什么与众不同？还有待于科学工作者经过进一步考证，才可能解开这一带"冷热颠倒"之谜。

可可西里无人区的谜团

可可西里无人区，位于青藏高原腹地，青海、西藏、新疆三省区交界处，但主要在青海省境内。东至青藏公路，西以喀喇昆仑山脉为界，北依昆仑山，南被唐古拉山截住。方圆约24万平方千米，是青藏高原最大的高寒地带。因为那里海拔5000余米，气候干燥寒冷，严重缺氧和淡水，环境险恶，人类无法在那里生存，那里的一切都是未知数。可可西里无人区，是中国最大、海拔最高、最神秘的"死亡地带"，也是世界屋脊的最后一块考察区。国家考察队于1990年5月，首次对它进行历时90天的探险考察，总行程2.5万千米，考察面积达7.5万平方千米。

一般认为，海拔3000米高度对人体有一定损伤，这种损伤性随着海拔高度的增加而递增。在海拔5000米以上地区活动的人，普遍地心脏会变大，变大的心脏压迫肺，使肺变小。如果连续工作超过90天以上者，变大了的心脏将很难恢复，直至无法呼吸而死亡。

一天，考察探险队碰上一个奇迹，竟在距青藏公路百余里的无人区境内发现两户牧民。他们一见考察队员们，便一家三代统统跪下，三步一磕头地老远迎过来，显然，他们把这些人当成天神了。

值得考究的是，他们何以能在生存条件极为恶劣的"死亡地带"生存下来？

奇怪的是，这里还生长着成群的藏羚羊、野驴、野牦牛、狼，它们以旺盛的生命力使这块弥漫着死亡阴影的地区充满活力。

凶宅之谜

◉　◉　◉　◉

在许多古代笔记中，都有所谓"凶宅"的记载。说人住进这种神秘的"凶宅"，不是得病、暴死，就是遇到其他的不幸事故。在清代曾传说古老的北京城里有十大"凶宅"，一般都是深宅大院，院落重叠，阴森吓人，常常闹鬼，因此，往往废无人居。

由于古书中对"凶宅"的描述多与鬼怪故事结合在一起，所以，过去一些人认为，这是因为宅第久旷，阴气太重，为鬼狐占据所致。有些人则认为，这是因为风水不好，冲撞了煞神，冒犯了白虎星，故而人口不安，流年不利。今天，不少人认为，所谓"凶宅"之说，都是耸人听闻的无稽之谈，是迷信，应该破除。认为这些宅第可能只是建筑设计不合理，采光条件

差，通风条件欠佳，使人感到不舒适，当然也容易生病⋯⋯

从近代地质地理学、环境科学揭示的一些现象看，第一种解释固然不可信；第三种解释不加分析，否定一切，也未免太简单化，令人难以信服。看来，第二种解释未必全错，有其正确的一面。因为"风水"一词本来就有"环境"的含意，泛指"环境条件"。如果去掉"风水说"中不科学的成分，予以新的解释，那么，"新风水说"，也就是"环境条件说"，则未必是无稽之谈。

要知道，国外同样也存在"凶宅现象"：一个身体健壮的人迁入新居后，竟莫名其妙地生起病来，四处求医问药均不见效。但当他搬出新居后，病又不治而愈。这种现

象往往使人困惑不解。

国外有些医学家认为，上述一些奇怪的病，很可能是由于地电和局部地磁扰动引起的。有些地质生物学家认为，整个地面都有密如蛛网似的地电流穿过。这些地电流交叉的地方，会形成一股能损害人体的强大力量，可能是一种电磁辐射，有人称之为"地辐射"，能使居住在该处的人生出各种奇怪的病来，比如精神恍惚、烦躁不安、头痛失眠、惊恐不安等等。

地电、局部地磁作用的突出例子，是波兰华沙附近的一个被称为"陆地百慕大三角"的公路中心。那里虽然没有"宅"，却"凶"得很。据说，那里发生的车祸事件多得令人难以置信。令人迷惑不解的是，许多车祸竟发生在天气晴朗、视度良好的条件下，而且驾驶员又多是经验丰富、技术娴熟的老司机。公路管理部门请来专家"会诊"，发现该处地电流纵横交错、重叠交叉，并有局部地磁扰动，形成了一股较强的力量，影响了活动于其上的人的精神状态和行为。据认为这可能是事故的原因。

据说，这种地电流交叉点的存在已经得到证明，并能用仪器测量其辐射强度。正统医学已承认有些房屋，人住进去容易得癌症，这种房屋被称为"癌之家"或"癌屋"。有的地质生物学家认为，这种"癌屋"正是处在上述那种神秘的交叉点上。不少动物如狗、马等，能觉察出这种神秘地点的所在，从不在那里睡觉。但有些动物如猫、蜜蜂、蛇类，却偏爱在这种地方，好像这种地方对它们起着某种有益的作用，其原因目前还不清楚。

这种地电流交叉目前还无法清除，但人们也不是对此束手无策。有位外国妇女乔迁新居后，遇到了上述麻烦，她就聪明地把床搬了个地方，调了个头，从而摆脱了这种神秘力量的侵扰。据说，在古代的西欧，人们在建造一座城市之前，先让一群羊到预选地区生活一年，然后把它们屠宰掉，如果发现其肝脏有病变迹象，这个地点就被放弃，另选新址，这可能是古人趋吉避凶、躲避那种扰人的地电流交叉点的一个原始而又有效的办法。

由此可见，"凶宅"的形成，其原因是多种多样的，大多与"风水"——环境条件有关，不能简单地斥之为无稽之谈或迷信，要用科学的头脑，分别加以研究和分析。

如果说有"煞神""白虎星"的话，上述那种神秘的交叉点、氡气、有毒重金属元素的污染，电污染等等，才是真正的"煞神""白虎星"。

罗布泊游移之谜

● ● ● ● ● ● ● ●

罗布泊位于新疆塔里木盆地的东部，那里自然条件异常恶劣，很少有人能出入自如，许多科学家和探险家都曾为了一睹它的神奇而永远与其同眠了。但这个干旱、多风沙、到处是陡崖、盐壳且酷热难当的地方，却丝毫没有减少人们对它的探索和考察。近些年来，有关罗布泊是否是一个游移湖的争论，更使它成为令人瞩目的神奇之地。

根据《汉书》《水经注》等典籍记载，罗布泊在古时候是一个大湖，塔里木河、孔雀河都流入罗布泊，由于河水中带来了上游的大量矿物质逐渐沉积在湖中，因此，湖水含盐量很高。罗布泊又名盐泽，古丝绸之路就从湖边通过。那时罗布泊地区水域面积很大，动植物也繁多。现在，罗布泊除了起伏延展

的盐壳外已没有一滴水了。

1876年，俄国探险家普尔热瓦尔斯基曾经慕名来罗布泊考察。他发现的罗布泊比中国古地图标明的位置往南一些，大约相差一个纬度。但他看到的罗布泊竟是一个淡水湖，芦苇丛生的沼泽地里栖息着成千上万的鸟类。普尔热瓦尔斯基回到俄国后，发表了一篇文章，结果在国际地学界引发了一场争论。一个叫李希霍芬的德国地理学家反驳说罗布泊是一个咸水湖，普尔热瓦尔斯基所看到的并不是真正的罗布泊，应该还在他考察地方的北部！

后来，英国的探险家斯坦因、瑞典的探险家斯文赫定先后来到罗布泊地区进行了考察，结果，他们认为普尔热瓦尔斯基和李希霍芬的看法都没有错。为什么这样说呢？

原来，他们认为罗布泊游移了。

那么，罗布泊为什么会游移呢？斯文赫定认为：塔里木河是一条流进罗布泊的河流，可它的河水里挟带着大量泥沙。这些泥沙随着河水流进罗布泊以后，罗布泊湖底的泥沙越积越多，就使得湖底越来越高了，湖水就朝着比较低的地方流去。过了一段时间以后，罗布泊的湖底被风吹日晒又开始降低。这时候，湖水又回到了原来的湖盆当中。所以，罗布泊就好像钟表的钟摆，一会儿往南，一会儿往北地游移不定了。

然而，1980年和1981年，中国科学院组织的一支考察队进入罗布泊考察却得出不同的结论。他们认为：罗布泊的变迁，不是湖泊本身在移动，而是塔里木河下游改道，形成了新湖。同时，旧湖因为得不到河水补给，逐渐缩小，最后才变干涸了，并不存在什么"游移湖"的问题。罗布泊究竟是怎样的呢？是"游移湖"吗？随着问题的深入探讨和地理学家的继续勘察，相信谜底会在不久的将来被揭开。

世界第一大洋变化之谜

◉ ◉ ◉ ◉ ◉ ◉ ◉ ◉ ◉ ◉ ◉ ◉

众所周知，太平洋是世界第一大洋，而大西洋则是第二。当然，这种说法应当加上一个限定，那就是"现在"。因为，根据地质学家们最近的看法，这一情况今后有可能发生改变。

近年来，地质学家们普遍认为：由于大西洋面积的不断增大，太平洋将来有可能被"压迫"，直到完全消失。当然，这种情况至少应该发生在1亿～2亿年以后。如果那样的话，亚洲将会和美洲成为

海洋也有"弱肉强食"的抗衡

近邻，因为，亚洲东岸将会和美洲西岸对接，两个大陆板块将发生碰撞，板块中间会抬升起一条比喜马拉雅更加雄伟的山脉。不用说，中国将会彻底失去领海，成为一个内陆国家，而中美之间的互访则变得简单多了，直接用火车而不用航班。

其实，这件事说起来也没有什么奇怪的。显赫一时的古地中海，也是由于印度、阿拉伯、非洲与欧亚大陆的汇合而被迫"关闭"的，并在板块碰撞中升起了阿尔卑斯－喜马拉雅诸山脉。如果按照以上的说法，太平洋也许将面临这样的厄运。

当然这也不是必然的。美国芝加哥的一位地质学家提出了不同意见，他在计算机上对地球上各片大陆将来的漂移情况，进行了模拟推算。"算命"的结果，太平洋的收缩只是暂时现象，在"时机成熟"以后，会对大西洋进行全面的"反攻"，大约在1.5亿年后，大西洋反而会被挤成"小西洋"，甚至完全消失。

专家们还发现，在今天的大西洋诞生前，地球上曾经有过一个古大西洋，存在于5亿年前的古生代，其宽度达数千千米，然而到了2.7亿年前的二叠纪时，就已经从地球上消失了。当然，无论哪个大洋消失，都是我们不愿看到的。不过等到那个时候，人类或许早已经不存在了，那时候的太平洋和大西洋，还非得要这样争个你死我活吗？

涌鱼洞之谜

◉ ◉ ◉ ◉ ◉

　　洞，总是给人一种神秘莫测的感觉，《西游记》中，无底洞曾把不可一世的齐天大圣孙悟空给降住。当然，这只不过是神话传说，但现实中确实有许多让人不可思议的洞。鱼不是出自河中而是来自洞穴，就是其中之一。涌鱼的洞在我国已发现几处，具有代表性的有官封鱼洞、鱼泉洞、没六鱼洞、鱼山洞等。涌鱼的时间各不相同，有春季的、夏季的，也有春夏之交的，持续的时间差别更大，有几天的，

地下的水流中也有鱼儿在生存

也有几个月的。但由于洞内湿度大，温差大，阴暗无光，所以，洞穴涌鱼都是鱼中珍品，不但品种珍贵，而且形态各异。

没六鱼洞，位于广西南宁和百色之间，平果县城东南1000米处，属于石灰岩溶洞。据说，没六鱼洞涌鱼的历史可追溯到三百多年前，当时一群逃难的百姓路过此地，沿右江附近一条小溪发现了洞口。顺着洞口瞧去，洞内通道十分狭窄，隐隐约约看到好像有东西在摆动，借着一点光亮定睛一看，原来是鱼。大家十分高兴，便以此为点定居下来。那时洞口附近杂草丛生，无路可攀，大家辟山开路，拓荒种粮。每年春夏之交，或冬至前后，鱼竟自游出洞口。大家便乘机捕鱼，以做一年的补养。后来，没六洞涌鱼的事越传越广，人们纷纷

前来观赏，此地也渐渐小有名气。1978年，改革开放后，国家支持地方建设发展旅游事业，便投资铺设了上山的道路。经专家鉴定，没六鱼洞的涌鱼是岩鲮，是鲤科岩鲮属，属于珍贵鱼种，也是没六鱼洞的特产。此鱼生长在清凉阴暗的地下河流中，以捕食岩石上的微生物为主。由于终生生活在暗河中，不适应洞外环境，因此，一般出洞后几天便死去，当地水产养殖所曾试图人工养殖，但几次都未成功。

鱼山洞，位于广东清远市阳山县白莲乡境内。洞口呈方形，约20平方米，每逢雨季，便有许多鱼涌出洞口，有鲢鱼、鲩鱼和鲤鱼。附近人们每年可获4000多斤鱼。这里涌鱼的历史更久远，可追溯到2000多年前。但从未有人敢进入洞内，所以，至今人们还未能揭开它的谜。

橡树岛之谜

◉　◉　◉　◉　◉

那是1975年的一天，三位猎人扬帆驾舟，来到了这个人迹罕至的小岛。他们穿行在密林之间，企图获得一些猎物。突然，他们发现前面的地上有一个下陷的洞，而且附近的一棵大树还被锯掉了粗枝。这是怎么回事呢？很快，他们想起了这可能就是橡树岛上的藏宝之地。于是，他们便开始了艰苦的挖掘工作。洞口似乎在遵守着主人的承诺，对他们一直坚守着封闭的大门。他们在每隔几米接二连三地挖出一块橡木板层后，深觉无望，只好半途而废。

然而故事并没有因此而结束。后来，又来了一个寻宝队，他们动用了大量的力量，经过两年的苦干，那个深洞被挖到几十米深，这其间也是每隔几米都有一层橡木板，只是在几十米深处才发现一块刻有古怪文字的大石头，但却没有人能看懂。于是，人们便加快了挖掘的进度，然而，令人们意想不到的是，当人们再次走下深坑时，发现里面注满了足足约15米的深水。人们并没有因此而退缩，在第一个深坑旁边他们又挖了一个，当人们试图连通第一个深坑时，大水立刻喷涌而至。这一次的探宝工作也不得不因此而终止。

又过了几十年，关于橡树岛的秘密又一次引起了人们探寻的欲望。这次，人们动用了更加先进的工具，当感觉钻头下面似乎触有金属时，人们大喜过望，如同看见了白花花的银子。正当人们沉浸在喜悦中的时候，历史却再一次重演，喷涌的大水几乎吞噬了人们的生命。这水来自哪里？为何总是抽不尽呢？人们发现，这也许是大西洋中的海水。海水怎么能被抽尽呢？人们也只好就此作罢。此后，一批批的寻宝者也都因无法克服埋宝者制造的人为障碍而以失败告终，只留下一个千疮百孔的荒凉小岛。

关于橡树岛的故事也就这样结束了。橡树岛的地下究竟埋了些什么？是谁埋下的？这始终是一个未被解开的谜。

不沉湖之谜

◉　◉　◉　◉　◉

在帕尔斯奇湖东南部有一处不冻的深潭，它深不见底。人们称它为"不沉湖"或"上帝的圣潭"。

原来，早在19世纪时，有一家姓鲍伊的印第安人迁来此处定居。他们住在深潭的附近，一天，他们的木筏遇到了飓风，当木筏被吹到深潭时已经被支解得支离破碎。鲍伊一家七口，有五人掉进了深潭。掉下水的人惊恐万分，拼命高呼救命。但是，木筏上的其他两人，无论是怎么拼命也无法靠近他们。木筏上的人眼睁睁地看着在水中挣扎的人，水里的人露出绝望的眼神……

就在这时，奇迹出现了：那些在水中挣扎得筋疲力尽的人们，绝望之际发现自己并没有下沉，他们觉得像有什么东西托住自己似的，他们得救了。后来，有一个法国人蒙罗西哥来到此地，一不小心也掉进了深潭，他和前面的人一样也侥幸逃脱厄运。事后他对人说："那就像上帝的手，把我托了起来，使我不能下沉。"因此，人们就称这个深潭为"上帝的圣潭"。

"上帝的圣潭"很快就传遍了世界各地，吸引来不少的旅游者。1974年，到火炬岛考察的伊尔福德一行人也慕名来到此地。但在经过水质分析后，竟发现这里的水的比重与圣潭周围甚至整个帕尔斯湖水没有什么不同。因此，许多专家学者都猜测水下有特异物质，当有物体落入水中时，这种特异物质就释放出某种能量，增大了水的比重，使物体能够浮在水面。

但是，这一说法很快又被另外的专家否定了，因为经他们试验，当人落水时取出水样来，然后与圣潭平静时的水样相比较，其成分并未发生改变，也就是说，前后水样成分完全相同。更让人称奇的是，不仅人无法沉入水底，就是钢铁也不会沉下去。到1979年美国科罗拉多州物理学会几位专家，协同圣弗朗西斯科海军基地和加拿大航海科学院，对"上帝的圣潭"进行了又一次测试，可他们仍然一无所获，没有找到什么有力的依据。

只是他们发现，圣潭不但排斥人类，而且排斥任何物体。仪器不能深入，潜水员无法潜入水中。有一位名叫哈德希布漠的海军军官，将手上的一枚钻戒扔进圣潭，那戒指也居然像渔浮一样漂在水面。

九十四平方米的"上帝的圣潭"，时至今日在它的区域内，还没有一样东西能够沉下去，对于这种现象，没有人能说得清是什么道理。由于它的神秘，不少人曾提出将帕尔斯奇湖辟为旅游地区，以吸引更多的游客。

血湖之谜

◉ ◉ ◉ ◉

1988年春天的一个早晨，在西非喀麦隆，游人们惊奇地发现，平时碧蓝晶莹的耐奥斯湖突然变得一片血红。人们不由得拥过去想看个究竟，但瞬时惊呆了，眼前的一切惨不忍睹。

沿坡的草丛里到处躺着死去的牲畜，附近村里到处都是横七竖八的尸体，一片死寂。

在离耐奥斯湖较远的地方，人们找到了一些昏迷不醒的垂危者。从这些幸存者的口里，人们大致了解了惨案发生的经过。在前一天傍晚，突然从耐奥斯湖发出一阵隆隆的巨响，只见一股圆柱形蒸汽从湖中喷涌而出，直冲天空，高达八十多米，然而，又像一朵烟云一样，飘到山谷。同时，一阵大风从湖中呼啸而起，夹着令人窒息的恶臭，把云朵推向四邻的小镇，烟云所到之处，任何生命旋即死亡。

这件事发生后，科学家对湖水进行了分析研究，发现里面有大量的二氧化碳，还有许多其他有毒气体。这些有毒气体一旦释放，地面的生命便会死亡。这种分析是否具有科学道理，尚有待于进一步的研究。更主要的问题是，从湖中喷射而出的蒸汽又是从哪里来的呢？为什么能释放出如此剧毒的气体？

津巴布韦遗址之谜

◉ ◉ ◉ ◉ ◉ ◉ ◉ ◉

　　德国地质学家莫赫，有一次在非洲南部遍布灌丛的地带一步步勉力前行，偶然发现了许多巨大的石墙遗迹，看来显然是一座废城。莫赫当时确信这座废城不可能是当地非洲人所建，因为，非洲黑人住的全是原始的泥筑棚屋，这些遗迹称津巴布韦(意思是石房子)，是当地非洲人起的名字，所以，莫赫心想，这些建筑定属从北方较先进社会来的人的杰作。但1871年发现这座废城的莫赫完全猜错了。这座使人印象深刻的花岗石城，的确是非洲黑人所建造的，因此，今日废城所在的国家名字由罗德西亚改为津巴布韦，实在再贴切不过了。

　　这座令人难以忘怀的废城，屹立在津巴布韦东南一隅，近木提利魁河河谷尽头，景色壮丽，常年苍翠。这些顶部倒塌的石块建筑，散布在广达24公顷的土地上。其中俯瞰全城的建筑物，是一座位于山顶的石砌围城，因而有人称之为"卫城"，不过这个名字并不适当，因为围城不是用来防卫，而是让人观赏的。山下的河谷里，一道围墙围绕92米长、64米宽的地方，在这地方有一堵残留的神殿墙壁屹立。在这两座巨大遗迹之间，则布满很多较小的房舍遗址。附近居民并不知道这些巨大石块建筑群的历史，令莫赫颇感困惑，他判断这些石块建筑定是黄金贸易的副产物，因为，根据基督教《圣经》有关示巴女王的记载，3000年前非洲某一处地方的黄金贸易非常发达，积聚的财富不可胜数，大津巴布韦很像是这地方。后来有些"专家"也支持莫赫的说法，认为大津巴布韦是从埃及或腓尼基一类古文明社会请来建筑师和熟练工人设计、建造的贸易站。虽然也有人反对莫赫等提出的说法，但19世纪的废墟研究专家都持一个几乎一致的意见：当地班图人的祖先文化并不算发达，根本没有能力设计和建造如此宏伟的建筑。

但这非洲卫城真是基督出生前1000年建造的吗？许多考古学家认为此说值得怀疑，尤其在苏格兰专家兰德尔·麦基弗发表了有关废城的研究结果后，数千年历史的说法更站不住，他说这些石块建筑物只有几百年历史，而非几千年，不是外地人而是当地非洲黑人建造的。这些研究结果在20世纪初期公布后，获得英国考古学家卡顿·汤普森的确认。他在1929年这样写道："……搜集所有现存各方面证据，并予详细研究调查后，尚未能找到一件证据，足以否定此为班图人于中古时代所建之说。"这个看法后来得到其他考古学家的研究结果证实，而且这个看法与有关班图语系各民族的历史传闻符合。这些民族从现在叫做尼日利亚的非洲地区，逐渐向东南迁移，到基督纪元初某个时期，便占据了非洲中部和南部。

在沉积土层找到的一些物件，经过碳-14分析以鉴定年代，证明卫城山上最早的拓居活动始于公元2或3世纪。到了1200年前后，这个地区受现今绍纳人的祖先姆比雷人控制。姆比雷人是熟练的矿工、手艺人和商人，曾经建立了一个组织完善的政治个体。那些花岗岩高墙，大概就是姆比雷人文化全盛时期建造的。神殿和围墙则为较晚期的建筑，至于其他房舍，似乎是以后两三个世纪才增建的。

然而大津巴布韦这个繁荣昌盛的贸易和宗教中心，在什么时候，又因为什么缘故弃置了呢？当时发生了什么事情，使得大津巴布韦的3000多名居民慢慢减少，迁往物产较丰、条件较好的地方去了。

可是仍然有一样事情令人百思不解。为什么姆比雷人建筑巨大建筑物，要用花岗石而不用木料和泥土呢？津巴布韦遗址日后说不定还会透露出更多秘密，因为，这些属于一个湮没社会的遗迹，仍然充满神秘，真相未明。

螃蟹岛之谜

◉ ◉ ◉ ◉ ◉

对那些以捕螃蟹为生的渔民来说，位于巴西马拉尼昂州圣路易斯市海岸线外的大西洋上的螃蟹岛简直就是乐土，这里没有人烟，遍地都是螃蟹。当然，除了螃蟹之外，这里也有鳄鱼、巨蟒、豹子和一些奇形怪状的狮子。

通向螃蟹岛的是一层密密的胶泥，这种胶泥散发出一种恶臭气味，而且，这种胶泥根本就无法让人踏在上面，到螃蟹岛的人只能迅速匍匐前进，就像军队一样，否则的话就要葬身泥海了。这种恶劣的生存环境竟然能够繁殖出如此之多

看上去普通的小岛，总是有些让人匪夷所思的事情

的螃蟹，真是让人百思不得其解。

不过，更让人奇怪的是关于螃蟹岛上的两则传闻。一则传闻是说这上面住着野人，另一则传闻则是说有飞碟拜访过螃蟹岛。而且两则传闻都有信誓旦旦作证的证人。

据说，曾经有三个渔民来到螃蟹岛，其中两个去捉螃蟹，一个留下来看守船只，可是就在那两个渔民刚走没多久，看守渔船的渔民就发现不知从什么地方钻出来一个野人，这个野人朝着渔船又是扔树枝，又是扔石块，显然他并不欢迎这些人来打扰他。吓坏了的看守者连忙呼救，他的两个同伴马上就返回了。不过，在他们返回来后，野人已经跑得无影无踪了。

而有关飞碟的传说是这样的，据说1976年，有四个渔民来到螃蟹岛捉螃蟹，他们捉了一整天后回到渔船上休息，可是就在他们休息的当口，突然有一阵"呼呼"的声音把他们惊醒了。

当他们睁开眼睛的时候，眼前出现了一片红光，渔船上也着火了。不但如此，渔船周围的海面上也起了熊熊大火，结果，两个渔民烧死了，一个渔民烧伤了，但是，渔船却一点也没有烧坏。幸存者战战兢兢地坐着渔船回去，并把这种现象告诉了别人。科学家觉得这一切非常费解，最后只能解释为这是外星人的飞碟袭击了人类。

但是，就像那野人一样，以后的人们再也没有遇到这种情况。所以，现在，人们就算想研究也无研究对象了。看来，关于螃蟹岛的传闻就要成为永远的谜了。

地球血脉之谜

◉ ◉ ◉ ◉ ◉ ◉

犹如人体一样，地球也有它自己的循环系统，那就是深海洋流。虽然它默默无闻，但它的存在对于生物却有着十分重要的意义。为什么有些地方冰天雪地，而有些地方烈日炎炎？鱼儿为什么在一个水域生存，却又会不远千里，不辞辛苦地游到另一个水域产卵？纬度那么高的挪威，为什么会有不冻港？英国为什么没有成为冰封千里的不毛之地？设备完全相同的两艘巨轮，唯一不同的是航线，它们同时在同一地点出发，但到达同一个目的地的时间怎么会相差那么多？这多半都是洋流的功劳！

洋流流动的方向和风向一致，在北半球向右偏，南半球向左偏。在热带、副热带地区，北半球的洋流基本上是围绕副热带高气压呈顺时针方向流动，在南半球呈逆时针方向流动。在热带由于信风把表层海水向西吹，形成了赤道洋流。东西方向流动的洋流遇到大陆，便向南北分流，向高纬度流去的洋流为暖流，向低纬度流去的洋流为寒流。

先来看一下洋流是如何调节地球的南北气温的。北美洲的拉布拉多海岸，由于受拉布拉多寒流的影响，一年要封冻九个月之久。寒流经过的区域，大气比较稳定，降水稀少。

譬如，秘鲁西海岸、澳大利亚西部和撒哈拉沙漠的西部，就是由于沿岸有寒流经过，致使那里的气候更加干燥少雨，形成沙漠。暖流在与周围环境进行交换时会失热降温，洋面和它上空的大气得热增湿。以墨西哥湾暖流为例，"湾流"每年供给北欧海岸的能量，大约相当于在每厘米长的海岸线上得到600吨煤燃烧的能量。这就使得欧洲的西部和北部的平均温度比其他同纬度地区高出16℃～20℃，甚至北极圈内的海港冬季也不结冰。俄罗斯的摩尔曼斯克是北冰洋沿岸的重要海港，那里因受北大西洋暖流的恩泽，港湾终年不冻，成为俄罗斯北方舰队和渔业、海运基地。洋流调节了南北气温差别，在沿海地带等温线一般与海岸线平行就是这个缘故。

洋流对气候的影响，主要是通过气团活动而发生的间接影响。因为洋流是它上空气团的下垫面，它能使气团下部发生变性，气团运动时便把这些特性带到所经过的地区，使气候发生变化。

一般说，有暖洋流经过的沿岸，气候比同纬度各地温暖；有冷洋流经过的沿岸，气候比同纬度各地寒冷。洋流就是这样平衡全球热量从而调节气候的。

接下来我们再来看一下，它是如何影响渔业的。

首先洋流很像一条大型运输带，把生物散布到各地。椰子原产在马来半岛的岸边，堕入海中的种子则随海水漂到南太平洋各地。但它最主要的是运输鱼苗，大约有80%的鱼苗是由洋流传送到各地的。除了主要洋流外，还有次要洋流。阳光充足的海洋，到了晚上，海水转冷，变得较重，逐渐下沉，引起垂直洋流。次表层流是另一种次要洋流。冷海水较重下沉，聚集海底，然后从两极地区流出，在洋底向四方散去。而两极冷水与表层暖水相遇，就会产生大渔场。世界上不少被称作最优良渔场的海域，往往是因为海水的搅动，把含丰富矿物质的养料带到表层来。海水表层生物死亡后，沉下海底腐烂，在海底集成一层肥料。洋流就会像巨型一样把这些养料给翻到表层，这时植物就开始大量繁殖，各种鱼类在这儿聚集，接下来就会形成壮观的海洋食物链。如日本近海的一些优良渔场，由于海面与海底之间较大的温差和特殊的海底地形，会时常发生含丰富营养成分的深层海水涌上海面的所谓"上升流"现象。

会产生"上升流"的海域虽不超过地球全部海域的1%，但却养育着世界鱼类资源的一半以上。

由此可见，这层海水对鱼类来说，可谓"琼浆玉液"了。

据此，我们就会想到一个很有意义的问题：为何不人为地制造"上升流"，进而吸引鱼儿，形成大渔场呢？

火山足印之谜

◉　◉　◉　◉　◉　◉

　　被尼加拉瓜人习惯称之为阿卡华林卡脚印的古人类足迹，经考古学家鉴定已有6000多年的历史。原先这些足迹并没有裸露在地表，而是深埋在地面以下几米的泥土里，经过数千年的自然变迁和气候变化，尤其是雨水不断的冲刷，脚印终于呈现在人们的眼前。

　　这些足迹无论大小、深浅都清晰可见，有的甚至连每个脚趾都看得清清楚楚，仿佛人类在雨后的泥土走过留下的。令人难以理解的是，这些明晰可鉴的脚印是如何在坚硬的石头上留下来的？为什么这一带的地面全是石头呢？经过考古工作者和科学家们的分析和鉴定得出如下结论：这里的石头是由附近火山喷发出来的岩浆冷却、凝固、硬化而成的，而这些脚印则是在

岩浆尚未硬化前留下来的。也就是说，人类与动物曾在滚烫的岩浆上行走。亲爱的读者，您不觉得这太不可思议了吗？

　　对于这些神秘足印的来历，出现了多种不同的解释：有人说这只是人为的一个恶作剧，只是为了愚弄世人；有人说是外星人光临地球留下的印记，甚至还列举一些似是而非的证据；而其他神魔鬼怪的传说也不一而足。一时众说纷纭，却没有一种让所有人都认可的合理的解释。

　　科学家们对阿卡华林卡及周围地形进行了周密的考察和分析后，发现这里正处于尼加拉瓜火山最集中的地区，世界最著名的，也是美洲大陆唯一终年保持熔岩液态的火山——马萨亚火山就在阿卡华林卡

东北面，那是一片火山洼地，面积达45平方千米，顶峰的圣地亚哥火山口常年沸腾，金色的熔岩在无休止地翻滚，最高温度达1050℃。在马萨亚火山旁边还有一座活火山，几千年来，这里的火山喷发几乎一直在进行。

据科学家们推测：足迹形成的原因可能是在某次突然的火山喷发时，人们正在睡梦中或是在田野里劳动，面对这突如其来的灾难没有丝毫的防备，也来不及逃避，只能在火山喷发的间隙找个躲避的场所。这些脚印正是人们在逃离火山喷发现场时，留在硬化过程的熔岩上的。熔岩的硬化过程很快，一般只需要几个小时，当火山喷发时大量的火山灰从火山口随着熔液喷出来，犹如一层厚厚的石棉盖在熔岩上，起了隔热的作用。同时，也使人在火山灰上行走时，在正在硬化的熔岩上留下了清晰的脚印。

为了证实推测的可能性，在1915年加利福尼亚火山爆发的现场，美国的科学家们和考古工作者做了上述的实验，结果正是如此。此外，从阿卡华林卡周围的地理位置看，如果当时要逃的话，只能朝北面的马那瓜湖方向，而那些古人类的脚印也正是朝着马那瓜湖延伸过去的。

事实给这些科学家的推理提供了有力的证据，但另外有一部分专家、学者却对上述看法提出异议，他们提出两个问题：

首先，这些脚印中有些很深，甚至深得连脚跟、脚踝都陷进了石头里，这只有在负荷很重的情况下才会出现，难道人们在逃难时身上还背着许多东西不成？这实在不合常理。

其次，他们提出，在这种毁灭性灾难到来时，人们首先想到的是尽快脱离虎口，而我们现在看到的足迹，脚印之间的距离很短，不像遇险狂奔时留下的，反而像茶余饭后漫步留下来的，这未免太令人难以置信和理解了。这两个问题似乎全盘推翻了前面那种推测，但却给真实笼罩上了更莫测的迷雾。

小寨天坑之谜

●　●　●　●　●　●

　　与长江三峡毗邻的重庆奉节县，有一个神秘莫测、堪称世界之最的特大型天坑，因它位于该县境内小寨村，故被人们称之为"小寨天坑"。所谓"天坑"，从地质学角度解释，即"漏斗形下陷地貌"；又一说是数亿年前陨星撞击所成。天坑边沿由峭壁悬崖围成，呈桃形，短径520米，长径622米。坑内四面山峰向下延伸，铁壁般合

远古留下的遗址是今日美丽的奇观

围成"漏斗状",直至坑底。

1997年4月,一支由英国考古学家威廉·霍德博士、天文学家敦切利萨博士、地质学家威尔金斯博士联手组成的科学考察队抵达奉节"小寨天坑"。他们决定在以往研究的基础之上力争得到新的资料、数据,通过对天坑成因等进行详细研究,以揭开其神秘的面纱。

4月17日上午,天气晴好,考察队沿西面经过一条羊肠险径下到天坑底部,由密密麻麻的海螺、贝壳化石凝结成的岩层呈现在他们面前。待安装好超导远红外探测摄像器,从天坑底部自下向上数百米的峭壁做逐一圆周扫描时,考察队发现,峭壁内约6米深处竟隐藏着七个直径为4米的大圆球!这些大圆球呈曲线排列,球面上还刻着一些无法破译的文字和符号。经"裂变径迹法"测定,圆球距今有7500万~8000万年,主要成分是金属钛,而包裹圆球的岩石密度为3.2~3.4克/立方厘米,和月球表面岩石的密度差不多,这使大家惊讶不已。

在之后的几天里,考察队于天坑底部一侧测出有道狭长岩缝向北延伸。延伸至何处?没有人知道……

但是随着科学技术的发展和进步,人们会再度到奉节"小寨天坑"做全方位的科学探索,到那时,也许我们就可知晓"天坑"究竟是地陷奇观?还是陨星撞击而成?或者是外星人废弃的工作基地?

地上悬河形成之谜

◉　◉　◉　◉　◉　◉　◉　◉　◉

黄河下游的地上悬河（又简称地上河）堪称世界之最，悬河河床高度，相对于两岸河堤之外的平原，现已高出3～5米，有的河段达10米，究其原因，乃是黄河夹沙量大，每年约16亿吨泥沙的1/4堆积在这一段坡度不大、水流平缓的河床之中，河底逐年淤垫所致。

这种情况是怎样形成的呢？我们只要翻开历史考查一下它的原委，便可以知道并非自有河患以来即是如此。非但先秦至隋代时期不是如此，唐宋时期也不是如此。在那漫长的岁月中，黄河下游基本上还是改道频繁的河流，入海之处或北或东或南，持续时间长短不一，但以北流入渤海为主。自南宋建炎二年（1128），在战乱之中，为了阻止金兵南下，开封守将决定开黄河以阻金兵，才是黄河长期南泛夺淮入海的开始。而南泛的黄河，自南宋建炎二年年以后至元代的结束，明代的前期并没有稳定的河床，只是分成多股的黄流，泛滥于豫中到鲁西南的广泛平原之上，或分或合。直至明代后期的隆庆、万历年间，出于保证运河的漕运畅通和每年江南数百万石粮食安全运抵北京的需要，必须稳定黄河河床，使运河在徐州以南得以"引黄济运"，徐州以北又不受到黄河决口、改道后对运河的冲击和破坏，又要使徐州以南黄水入运河不致淤浅，阻碍漕运，于是逐渐形成了一种将治黄治运联系起来的方针。明代万历年间的治黄专家、河道总理万恭，在他的专著《治水鉴蹄》一书中，说得很清楚："治黄河，即所以治运河"，"若不为饷道计，而徒欲去河之害，以复禹故道，则从河南铜瓦厢一决之，使之东趋东海。则河南、徐、邓永绝水患，是居高建领水也，而可乎？"就是说，治黄河就是为了治运河，使运道畅通，若不为将江南的粮食运到北京，仅仅是为了免除黄河之害，只要河南铜瓦厢把黄河北岸决开，使黄河东走渤海，则河南、徐州、邳州一带就会永远没有黄河水患了。因为这是高屋建瓴之势，非常容易达到的单纯治黄的目的，那样做行吗？能解漕运问题吗？

要达到这样一种围绕治运而治黄的目的，其所采用的方法就是：第一步要在黄河两岸坚筑堤防，固定黄河河床，第二步要利用黄河之水力冲刷河床的积沙，使之不淤垫河床。反过来两岸的巩固堤防又成了束水攻沙的工具。但实际运用中，由于黄河下游的河道平缓，并不能完全解决攻沙的问题，于是黄河河床还是不断地在逐年增高，于是两岸的河堤也在逐年增高，经过从明朝晚期到清朝晚期三百余年的

黄河壶口瀑布

积累，世界著名的地上悬河也就形成了。明代晚期这种"固定河床，束水攻沙"的方针提出并开始实行之时，也有人提出过反对的意见，如当时的另一担任过总理河道的杨一魁便指出过束水攻沙有加强地上悬河的潜在危险。他认为："善治水者，以疏不以障，年来堤上加堤，水高凌空，不啻过颡，滨河城郭，决水可灌。"与他同时的王立胜也指出："自徐（州）而下，河县日高，而为堤以束之，堤与徐（州）城等。堤增河益高，根本大可虑也。"还有人指出："固堤束水，未收刷沙之利，而反致冲决。"或指出："先因黄河迁徙无常，设遥缕堤束水归槽。及水过沙停，河县日高，徐部以下，居民尽在水底。"但是由于找不出更好的方法来治黄保运，明知不可为而为之，实行了几百年，其结果是地上悬河越来越高，一旦决口，黄河之水天上来，给人民造成巨大损失，悲惨的景象直到解放以前，历演不衰。悬河的威慑力量，有如达摩克里斯之剑，其阴影至今仍未消除。黄河确实已在清咸丰五年（1855）于铜瓦厢决口，东趋渤海。南北大运河的漕运任务早已解除，我们治黄的方针、措施、要求等等，是否还有必要遵循明清时代遗留给我们的方向继续走下去呢？

海底阶梯形成的奥秘

如果你前往爱尔兰旅游，千万别忘了到其北部海岸的一个海角——贾恩茨考斯韦角去看一看。在那里，大自然的鬼斧神工一定会让你流连忘返、叹为观止的。

在贾恩茨考斯韦角，有一条由海岸直伸入海底的台阶，长275千米，由数以万计的多角形桩柱拼合而成。台阶宽150米，一直通向大西洋洋底。构成台阶的桩柱是玄武岩，呈形状规则的多边形，其中大多数是六边形。桩柱大都有6米高，有的竟高达12米。人们给这条台阶起了个名字——麦科尔路。

无独有偶，与麦科尔路相隔120千米的海洋中有一个岛——斯塔法岛，岛四周的悬崖与麦科尔路一样，全由玄武岩桩柱构成。

你若以为这些都是人工构筑而成，那你就错了。它们到底是怎样形成的呢？

如此壮观的景象，有一些神话传说是不足为奇的。传说爱尔兰巨人麦科尔修了这条路，道路从他家门口穿过大西洋，一直通向他的敌人——苏格兰巨人芬哥尔在斯塔法岛上的根据地。芬哥尔不甘示弱，偷偷地跑到了爱尔兰，看到了熟睡中的麦科尔。麦科尔的妻子骗芬哥尔说那是麦科尔的儿子。芬哥尔听后大吃一惊，襁褓中的儿子已如此巨大，其父亲会是什么样子？惊吓之余，他赶紧逃到海边，拆毁了走过的道路。这就是相距120千米之远，竟有如此相同景观的原因。

然而，科学家们是怎样解释的呢？

贾恩茨考斯韦角是由德里主教

于1692年发现的，以后偶尔有人来到这里，但在18世纪仍鲜为人知。直到后来人们为此绘制了一系列素描和油画，才引起了科学家对它的关注。

人们的解释林林总总，不一而足。有人认为是石化了的竹林，或是海水中的矿物沉积所致。大多的地质学家认为它源于火山的活动，大约在5000万年前，爱尔兰北部和苏格兰的火山开始活跃，火山口中涌出的熔岩流遍四周，深达180米。一轮喷涌过后，熔岩刚冷却硬化，下一轮喷涌又来了。后来的熔岩冷却得慢，收缩也很均匀。因为压力平均分布在中心点四周，所以，形成了形状规则的多边形，通常是六边形。冷却过程遍及整片玄武岩，所以，形成了一连串的六边形桩柱。由于持续的冷却和收缩，整片熔岩分裂成了直立的桩柱。千百年来，海水不停地侵蚀这坚硬的玄武岩柱，造成了桩柱的高低不一，但这仍然只是推测。

这里是艺术家和作家的宝库。人们对它赞叹不已，甚至有人称它为"造化的祭台与殿宇，其对称与典雅外形，以及壮丽雄伟的气势，是造化才能成就之作"。

黄金隧道之谜

◉ ◉ ◉ ◉ ◉ ◉ ◉

1969年7月21日，一个名叫莫里斯的阿根廷人，将一份上面有着许多见证人，并且已获得厄瓜多尔共和国承认的合法地契公诸社会，立刻引起轰动。因为这份地契讲述了一个令世人难以置信的故事。

地契中最主要的部分说，莫里斯在厄瓜多尔共和国境内摩洛拿圣地亚哥省内的大隧道里，发现了一些对人类有着极大文化与历史价值的文物。这些文物主要包括了两种不同形状和颜色，且刻有各种标志和文字的石器和金属牌匾。这些牌匾可能包含了人类历史的一个片段，同时又是人类起源的一个证据，或者是某一种消失文化的线索。莫里斯请求厄瓜多尔总统成立一个科学委员会来核定、评价这些文物的价值，并愿指出大隧道的准确位置和入口……

作为一名学者，50岁的莫里斯于1965年来到厄瓜多尔，本来准备深入研究一下当地的各种部族，以及人种学等。然而，他在六月的一次调查研究中，却因为意外地发现了这来历不明的大隧道，而名噪一时。

1972年3月4日，由厄瓜多尔考古学家法兰士和马狄维组成的科学调查小组，在莫里斯的带领下，再次对大隧道展开调查。

隧道入口由一块大岩石凿通而成，几只夜鸟忽然飞出洞口，越发阴森恐怖。毫无倦意的莫里斯更是兴奋异常。此地是一支骁勇善斗的印第安人部落聚居区。这个神秘的入口就是大隧道的入口，隧道在厄瓜多尔和秘鲁的地底延绵好几百千米。

调查队员钻进了神秘莫测的

地下世界。进洞后是一段狭长的通道，伸手不见五指，他们开亮手电筒和头盔上的射灯。接着隧道便垂直往下，他们把一条绳子垂到下面75米的第一个平台上，然后沿绳而下。

接着，他们又沿绳垂直下到第二平台和第三平台，每个平台高度都达75米。下到洞底，莫里斯领头摸索前进。法兰士注意到隧道的转角处都呈直角形的严谨设计，有些很窄，有些又很宽，所有洞壁都很光滑，洞底非常平坦，很多地方像涂了一种发光颜料。很显然，这个隧道并非天然形成。

法兰士和马狄维原先对隧道是否存在所持有的怀疑，顿时烟消云散。他们来到一个大厅的入口。那大厅很宽敞，大如一个大机库，很像配给中心或仓库，并有许多通道。

法兰士试图用罗盘测量这些通道的方向，但罗盘指针不会动。"这里有辐射，所以罗盘失灵。"莫里斯解释说。在其中一条通道的入口处，有一副骸骨精心摆放在地上，上面洒满金粉，在调查队员的

灯光照射下闪闪发光。

莫里斯和法兰士以及马狄维发现了很多意外的东西。洞里出奇的静，只有脚步声、呼吸声以及雀鸟飞过的声音。他们目瞪口呆地站在一个巨大厅堂的中央。

这个大厅的面积约为2.1万平方米。大厅中央有一张桌子，桌子的右边放有七把椅子。椅子既不像用石头、木材做的，也不像用金属做的，它摸上去好像是一种塑胶，但却坚硬和沉重得像钢。

在七把椅子后面毫无规律地摆放着许多动物的模型，有蜥蜴、象、狮子、鳄鱼、豹、猴子、美国野牛、狼、蜗牛和螃蟹。最令人惊异的是这些动物都是用纯金做成的。在桌子的左边便摆放着莫里斯的地契所提及的金属牌匾及金属箔。金属箔仅几毫米厚，65厘米高，18厘米宽。

法兰士经过仔细检查，仍无法知道这些牌匾在制造时使用过什么原料。因为那些金属箔看起来很薄和脆弱，但竖起来却不弯曲。它们像一本对开本的书籍那样摆放着，一页连着一页。每块金属箔上都

井井有条地排满像用机械压上去的文字。

法兰士估计金属箔至少有两三千块，在这些金属牌匾上的字体无人认识。他认为这间金属图书馆的创立者肯定想把一些重要的资料，留传给遥远的未来。因为这个金属图书馆的制作者想让它永垂不朽。莫里斯在大厅找到一个石刻，11.43厘米高，6.35厘米宽，正面刻着一个身躯为六角形的人，右手握着一个半月，左手则拿着太阳，令人惊奇的是双脚站在一个地球仪上。这石刻是在公元前9000年至公元前4000年做成，这说明那时的人已知地球是圆形的。

法兰士认为这个隧道系统在旧石器时代已经存在。他拿起一块刻着一头动物的石刻，它有29.2厘米高，50.32厘米宽。画面上所表现的动物有着庞大的身躯，正用它粗大的后腿在地上爬行。法兰士认为石刻画的是一条恐龙。法兰士不敢再想象下去：难道有人曾经见过恐龙！

还有一块神秘石刻，刻画的是

宽敞的大道，仿佛通向过去与未来，解开神秘的隧道之谜

一具男人骨骼。法兰士仔细数了一下感到很吃惊，这石刻人的肋骨数竟为12对，是如此的准确。莫里斯又让法兰士看了一座庙宇的模型，上面绘有几个黑脸孔的人像，头戴帽子，手持一种枪形的东西。

在庙宇的圆顶上，还绘有一些人像在空中翱翔或飘浮着。令法兰士惊异的是这个庙宇的模型，可能是圆顶建筑最古老的样本。此外，一些穿太空服的人像，更是让法兰士不可思议。

一个有着球状般鼻子的石刻人跪在一根石柱下，他头戴一顶遮耳头盔，极像现在我们用的听筒；一对直径5厘米的耳环则贴在头盔前面；耳环上钻有15个小洞；一条链子围住他的脖子，链子上有个圆形牌子，上面也有许多小孔，很像我们现在的电话键盘。

这个隧道和它里面收藏着的稀世奇珍，可以说是见所未见。那些1.8米高的石像，有的有三个脑袋，有的却是七个头颅；三角形的牌匾上刻写着不为人知的文字；一些骰子的六个面上刻着一些几何图形……

没有人知道，这个隧道系统是谁建造的，也没人知道这些稀世奇珍是谁遗留下来的。

在这曲折迷离的隧道中行走，法兰士莫名其妙地担心会触动隧道里的机关，使隧道自动关闭。带着巨大疑问，调查队沿原路退出洞穴，又赶往位于厄瓜多尔古安加的玛利亚教堂，因为基利斯贝神父收藏着许多来自隧道的珍宝。

基利斯贝神父在那时已经在古安加住了45年，在过去20年里，他从印第安人那里收集到大量石刻、金银制品等。神父带调查队参观了他的收藏室。第一号房间收藏的是石刻，第二号房间是金、铜和其他金属艺术品，据说是印加帝国的，第三号房间则全是纯金制品。

法兰士注意到一块金板，52厘米高，13厘米宽，1.3厘米厚，上面有56个方格，每一格都刻有一个不同的人像。法兰士在隧道的金属图书馆里的那块金箔上，曾见过一模一样的人像。看来制造者似乎要用这56个符号或字母组成一篇文章。

尤其令人吃惊的是一个纯金制成的女人像。她高30厘米，头像两个三角形，背后焊接着一对细的小翅膀，一条螺旋形金线从她耳朵里伸出来。

她有着健康、发育完美的胸部，两脚跨立，但无两条手臂，穿着一条长裤；一个球形物浮立在她的头顶上面。法兰士感到她两边的星星透露出她来自何处。那是一颗陨落了的星球吗？她就是从那颗星球上来的吗？

接着，马狄维又看到一只直径21.25厘米的铜饼，上面图案清晰，刻着两条栩栩如生的精虫，两个笑着的太阳，一个愁苦脸的半月，一颗巨大的星星和两张男性三角形脸孔。铜饼中央有许多细小而突出的圆状物，其含义没人能理解。

基利斯贝神父收藏的大量金属箔，上面刻有星星、月亮、太阳和蛇。其中一块金箔的中央刻有一个金字塔，两边各刻有一条蛇，上面有两个太阳，下面是两个工人似的怪物及两头像羊的动物，金字塔里面是许多带点圆圈。

在另一块刻有金字塔的金属箔上，两只美洲豹分别趴在金字塔两边，金字塔底刻着文字，两边可以见到两头大象。据说大象在1.3万年前即在南美出现，那时地球上还没有产生文明。

最让法兰士震惊的是，他在基利斯贝神父这里见到了第三架史前黄金模型飞机。第一架他是在哥伦比亚的保华达博物馆见到的，第二架则仍放在大隧道里。多年来，一些考古学家把模型飞机看成是宗教上的装饰品。

纽约航空机械学院的阿瑟·普斯里博士经试验认为，把这架模型飞机看成代表一条鱼或一只鸟显然站不住脚。从模型几何形的翅膀、流线型的机头及有防风玻璃的驾驶舱看，很像美国的B-52轰炸机，它确是架飞机的模型。

难道史前就有人能够构想出一架飞机的模型？一切都无定论，一切都是谜团。迄今为止，人们仍无法确定或找出这个隧道系统究竟是谁建造的。而在隧道里面，又存放着那么多无从稽考的壁画、牌匾、黄金制品和雕刻品，这一切意味着什么呢？

移动岛之谜

◉　◉　◉　◉　◉

地质学家告诉我们，在特殊情况下，比如说地球的造山运动或者火山爆发过程中，的确会发生沧海桑田的变化，这种现象并不奇怪。然而，海洋上的岛屿在不知不觉之中，就从一个地方移动到另外一个地方，这种现象就很少见了。

几年前，几个挪威的科学工作者登上一个名叫"布比岛"的岛屿，准备把岛上的气象站维修一下。等到他们修好了气象站以后，拿出测量仪器，打算测量一下布比岛的位置。没想到，他们经过仔细测量，发现测量的结果和海图上标明的位置完全不一样，布比岛向西移动了大约有2千米的距离。

于是他们开始仔细研究海图，看它到底有没有什么错误。结果发现，海图是正确的，因为有好多人都来到过布比岛，来到这个岛屿的时候别人都是依据这张海图而找到的。而发现这座岛屿的法国旅行家让·巴基斯特·布比，也是个非常认真的旅行家，不会犯这种错误。那么究竟是什么原因使布比岛发生了这种改变呢？

当时，众说纷纭。不过后来大家总算能接受这样的一种解释了，那就是：布比岛是一个会移动的岛屿。

人们之所以这样认为，是因为另外一座可以移动的小岛——塞布尔岛被人们发现了。塞布尔岛在加拿大东部的新斯科舍半岛东边，大约有300千米远的北大西洋的海面上。

在海图上，塞布尔岛的周围，尤其是在它的东西两端密密麻麻地标明着不同的符号。这些大小不同的符号标着曾经有500多艘船只在这里沉没，5000多人在此丧命。正因为如此，塞布尔岛赢来了一个恶名——"沉船之岛"。这片海域也因此而被称为"大西洋的坟场"。

"塞布尔"这个名称是法国的旅行家列里给取的。列里于1508年乘船从欧洲到新斯科舍半岛的时候，发现了这个海岛，于是就给它取了一个名字叫做"SABLF"（塞布尔），"塞布尔"在法语当中的意思是"沙子"。

顾名思义，塞布尔岛是由沙子冲积而成的，整个海岛全部是一片细细的流沙，没有什么树木。塞布尔岛的四周又都是流沙浅滩，船只只要一停靠在这里，十有八九要在沙滩上搁浅翻没。

塞布尔岛置人于死地的另外一个原因，是因为塞布尔岛的海拔不高，海上航行的船只很难发现它。只有在天气晴朗的时候，人们站在船只的甲板上，才能看见它的身影。这就使得人们很容易忽视它的存在，经过这里的船只一不留神就会掉进塞布尔岛周围的细沙而成为

"大西洋坟场"里的一名受害者。再加上它不停地移动，塞布尔岛简直就成了船只的魔鬼杀手。

1898年7月4日，一艘名字叫"拉·布尔戈尼"号的法国轮船，在塞布尔岛遇险。美国学者亚历山大·格莱赫姆·别尔认为"拉·布尔戈尼"号的轮船上的船员们可能已经登上了塞布尔岛，正在那里等待着营救。于是，他就组织了一个救险队，来到塞布尔岛。可是，他们在这里寻找了好几个星期，也没有发现遇难的船员，也没有发现那艘"拉·布尔戈尼"号轮船。不过，他们竟意外地在流沙里边发现了三个月前失踪的一艘帆船——"克拉费顿·霍尔"号帆船。看来，"拉·布尔戈尼"号轮船和它一样被流沙无情地吞没了。

塞布尔岛的作恶史可以追溯到遥远的从前。在它那几十米、几百米厚的流沙之下，各种各样的船只都在那里长眠着。它们有的是因为雨雾迷航而触岛沉没的，有的是被激流冲进浅滩葬身的。不过，大部分船只是遭到风暴袭击以后被流沙吞没的。

遇难者的家属强烈地要求政府在塞布尔岛采取各种救生措施。1802年，英国政府在塞布尔岛东岸大约150米的地方，建立了第一个救生站。自从这个救生站建立以后，抢救了不少遇难的船员和旅客。1872年7月25日，一艘名叫"什塔·维尔芬尼亚"号的美国客轮，载着129名旅客，从美国纽约开往英国的格拉斯哥。当它航行到塞布尔岛附近的时候，遇到了迷雾，在塞布尔岛的南沙滩搁浅。在救生站的水手们的奋力营救下，船上的旅客和船员全部都脱离了危险。

随着人类科学技术的发展，塞布尔岛上的救生设备也比以前先进多了。今天，塞布尔岛作恶的次数越来越少了，这不能不说是救生站的功劳。

然而，怎么去阻止塞布尔岛的迁移呢？这仍然是一个亟待由人类来完成的任务。

一望无际的海平面上偶尔会显现漂移的小岛

东非大裂谷之谜

◉ ◉ ◉ ◉ ◉ ◉ ◉ ◉

由中东到非洲南部的一道裂缝把地壳撕开，在这条大裂谷里，发掘出现代人已知的最早祖先的头骨化石。

在地球上最长而不间断的一道裂口内，可找到地球的最低点，这道裂口两边分布着世界上一些最高的火山，此外，地球上最大的湖泊也在这里，成为连贯欧洲与东方的水道。这道裂口就是东非大裂谷，其规模之大，宽达100千米，从周围高原到谷底的峭壁，高达450～800米。

由北面的叙利亚到南面的莫桑比克，东非大裂谷穿越20个国家，延绵6750千米，差不多是地球圆周的1/5。这是个实例，看出地球的两片地壳板块(阿拉伯半岛和东非洲在其中一块上，非洲大陆的余下部分在另一块上)在地下分开时，会发生什么情况：沿东非大裂谷轴线的持续地壳运动令湖泊河流变得广阔，使裂谷加深。终有一天海水会涌入，把东非洲与整个非洲大陆分开。

东非大裂谷其实并不是谷，因为在整条裂谷中，既有崇山，也有高原，而且在埃塞俄比亚南部更是分成两支，要到坦桑尼亚与乌干达边界的维多利亚湖地区才重合起来。不过沿着裂谷的湖海丘壑能清楚地把裂谷的走势显示出来。

东非大裂谷起自叙利亚，形成约旦河谷与死海。死海海面比海平面低400米，是各大洲中的最低点。这个深度就如一个巨大的盆地，水流入后是不会流走的，但这个地区气温很高，水分迅速蒸发，

85

任何湖泊之类的大面积水体都会变得很咸。死海的含盐量约为30%，为海水的10倍，游泳者能轻易浮在水面。

距东非大裂谷起始点约800千米处，海水侵入，这道口子沿亚喀巴和红海延伸，到埃塞俄比亚宽阔的扇形达纳基勒洼地才转入非洲大陆。咸度与死海相当的盐水曾淹没这片5000平方千米的平原，有些部分在海平面155米以下。但所有水分蒸发后，留下了一层岩盐，有些地方厚达5千米。

在沿东非大裂谷形成的湖泊中，坦噶尼喀湖、马拉维湖和维多利亚湖等东非淡水大湖是观察动物进化的理想地方。正如在与世隔绝的澳洲大陆上有多种独有动物一样，这几个湖泊由于四周有干旱荒漠阻隔，湖水里生活着数百种其他地方没有的鱼。

形成裂谷的地方都位于地壳的"热点"上，温差与密度的差别令熔岩涌向地壳表面，沿着裂谷的轴线，火山活动都很常见，东非有数座大火山亦不会干涸，所以全年水分不会匮乏，有充足的水草供食草

动物食用。反之，生活在塞伦盖蒂平原的200万头动物，在干旱季节则要迁徙到有水草的地方。

夹在这两个野生动物天堂间的奥杜瓦伊峡，其实是个峡中之峡，深逾100米，长近15千米。数百万年前，当时塞伦盖蒂高原的湖泊河流流下来的泥沙堆积在山谷里，而火山活动又在层层沙砾上。非洲大陆的最高峰乞力马扎罗山(位于肯尼亚与坦桑尼亚间的边界)与肯亚山就在裂谷的的轴线上。坦桑尼亚北部的恩戈罗是第三大的火山，其已坍塌的火山口成为非洲最佳的野生动物保护区。

西面的塞伦盖蒂平原可容下比恩戈罗多100倍的动物，但火山口内有一个天然灌溉系统，铺上熔岩、火山灰和火山渣。最后地形发生变化，一条新河的奔腾流水冲开了一道峡谷，峡壁不但显露出各层天然矿物，也露出了化石和古人的制品。

英国考古及人类学家李基夫妇和其子李察在奥杜瓦伊的发现，加深了对人类进化的认识。1959年，在可确定为190万～170万年前的岩

层间，李基发现了第一个属于一种叫南方古猿的类人生物骨头，头骨几近完整。这种人科动物的脑容量从后脑形状可看出是以两足直立行走的，而不像人猿般以四肢行走。

在奥杜瓦伊共发掘出50多个人科动物头骨，在北面埃塞俄比亚又找到其他人科动物头骨，而且年代更久远，证明非洲的这一地区是人类的发源地。

死亡三角区之谜

西地中海"死亡三角区"的三个顶点，分别是比利牛斯的卡尼古山，摩洛哥、阿尔及利亚、毛里塔尼亚共同接壤的延杜夫，再加上加那利群岛。在这片多灾多难的海域，不断发生着飞机遇难和失踪事件。

1969年7月30日，西班牙各家报纸都刊登了一条消息，该国一架"信天翁"式飞机，于29日15时50分左右在阿尔沃兰海域失踪。

人们得到消息后，立即到位于直布罗陀海峡与阿尔梅里亚之间的阿尔沃兰进行搜索。由于那架飞机上的乘员都是西班牙海军的中级军官(上校和中校)，所以，军事当局相当重视，动用了十余架飞机和四艘水面舰船。当人们搜寻了很大一片海域后，只找到了失踪飞机上的两把座椅，其余的什么也没发现。

在这次事故发生前两个月，即同年的5月15日，另一架"信天翁"式飞机也在同一海域莫名其妙地栽进了大海。

那次事故发生在18点左右，机上有8名乘务员。据目击者说，那架飞机当时飞行高度很低，驾驶员可能是想强行进行水上降落而未成功。机长麦克金莱上尉侥幸还活着，他当即被送往医院抢救。尽管伤势并不重，但他根本说不清飞机出事的原因。

人们还在离海岸大约五百米的出事地点附近打捞起两名机组人员的尸体。后来几艘军舰和潜水员又仔细搜寻了几天，另外五人却始终没找到。

据非官方透露的消息说，那次飞行本来是派一位名叫博阿多的空军上尉担任机长的，临起飞才决定换上麦克金莱。这样，博阿多有幸躲过了那次灾难。然而好运并没能一直照顾他。时隔两个月，已被获准休假的博阿多再次被派去担任"信天翁"式飞机的机长。这次，他回不来了。这一事实促使人们得出结论说，这是两起一模一样的飞机遇难事故——两架相同类型的飞机，从同一机场起飞，由同一个机长(博阿多)驾驶，去执行同一项反潜警戒任务，在同一片海域遇上了相同的灾难。但谁也无法解释，失踪的"信天翁"式飞机发回的最后呼叫"我们正朝巨大的太阳飞去"，究竟意味着什么。

1975年7月11日上午10点多钟，西班牙空军学院的四架"萨埃塔"式飞机正在进行集结队形的训练飞行。突然一道闪光掠过，紧接着，四架飞机一齐向海面栽了下去。

附近的军舰、渔船以及潜水员们都参加了营救遇难者和打捞飞机的行动。他们很快就找到了五名机组人员的尸体。但是这四架刚刚起飞几分钟的飞机为什么要齐心合力朝大海扑去呢？西班牙军事当局对此没有作任何解释，报界的说法是："原因不明"。

有人做过统计，从1945年二次世界大战结束到1969年的二十多年和平时期中，地图的这个小点上竟发生过11起空难，229人丧生。飞行员们都十分害怕从这里飞过。他们说，每当飞机经过这里时，机上的仪表和无线电都会受到奇怪的干扰，甚至定位系统也常出毛病，以致搞不清自己所处的方位。这大概就是他们把这里称作"飞机墓地"的原因吧。

如果说飞机失事是因定位系统失灵，导致迷航造成的，那么对货轮来说，就令人费解了。因为任何一位船员都知道太阳就可以用来做确定方向的参照物。

西地中海面积并不大，与大西洋相比，气候条件也算优越。然而，在这片海域失事的船只一点也不比飞机的数量少。

这里发生的最早一起船只遇难事件是在1964年7月，一艘名为"马埃纳号"的捕龙虾的渔船不幸遇难，有十六名渔民丧生。此事相当奇特，引起了人们各种各样的猜测。但8月8日，西班牙报纸刊登这则消息时却说"没有一个合情合理的解释"。

事情经过是这样的：7月26日22点30分，特纳里岛的一个海岸电台收到从一艘船上发来的一个含混不清的"SOS"呼救信号。但它既没有报出自己的船名，也未说出所在的方位。23点整，该电台又收到一个相同的告急信号，之后就什么也听不到了。

第二天上午10点45分，海岸电台收到另一只渔船发来的电报，说他们在距离博哈多尔角以北几千米的地方发现了七具穿着救生衣的尸体。有人认出他们是"马埃纳号"上的船员。电文还说，七具尸体旁边，还浮着一只空油桶和六个西瓜，此外什么都没发现。

为了寻找可能的生还者，海岸电台告知那片海域上的船民，让他们也沿着前一只渔船的航线航行。过了一天，一艘渔轮报告说找到三具穿救生衣的尸体。几十只船在这里又整整搜寻了三天，均一无所获。后来在非洲海边的沙滩上又发现了两个人的尸体。这样一共找到了十二个人，其余四人始终没有下落。

事后人们提出了许多疑问，比如：在相隔半小时的两次呼救信号中，"马埃纳号"的船员怎么没能逃生？他们为什么两次都不报出自己的船名和方位？也许那些穿着救生衣的人是被淹死的？可遇难地点离海岸只有一海里，为什么船上那些水性娴熟的船员竟一个也没能游到岸边？

还有人推测说他们是饿死的。但是这似乎站不住脚，因为最先被捞上来的那七名船员在海里顶多待了九个小时，这么短的时间，一般是不大可能饿死人的。还有一种认为船上发生过爆炸事故的假设也可以推翻，因为捞上来的尸体完全没有伤痕。

任凭人们如何猜测，制造了这场灾难的大海一直保持着沉默。

地中海7月份的气候总是风和日丽的。1972年的7月26日上午，"普拉亚·罗克塔号"货轮从巴塞罗纳朝米诺卡岛方向行驶。到了下午，不知怎么回事，这艘货轮掉转船头驶到原航线的右边去了。原来船上的导航仪奇怪地受到了干扰，船长和所有的船员没有一个人还能够辨明方向。出发时船长曾估计，他们在第二天上午10点左右即可抵达目的地。但次日凌晨5时，"普拉亚·罗克塔号"遇上的几名渔民却说，这里离他们要去的米诺卡岛足有几百海里。

很难设想，在这段时间里，这艘货轮上所有的人都丧失了理智或喝醉了酒，以致连辨认方向的能力都没有了。这又是一起没人说得清楚的海上事故。

死亡崖之谜

◉ ◉ ◉ ◉ ◉

在英国东海岸的东伯恩，有一处风景优美的悬崖峭壁，如刀削般直立海边，崖顶风光如画，绿草如茵，是一个非常吸引人的游览胜地，但也是出了名的死亡之崖。多年来，已有上千人从悬崖顶上情不

传说中美丽的诱饵，却是"魔鬼"的召唤吗

自禁地跳下几百米高的悬崖。他们不是葬身海边乱石之中，就是被海浪卷走，从未听说有生还者。很多来自美国、法国和荷兰的游客，他们登上崖顶，面对英伦海峡，眺望烟波浩瀚的大海，心情说不出的兴奋，仿佛进入天国。在这醉人的美景中，有人忽然变得飘飘然，情不自禁地想投入崖下大海的怀抱，在一种亦幻亦真的感觉的推动下，纵身跳下悬崖，就此结束生命，告别了这个世界。甚至有人说，这些游客可能是受到魔鬼的引诱才这样做的。

英国一家医院的一位心理医生，已对很多游客在那里跳崖自杀的事进行了二十多年的研究，这种情况在心理学上也可以作出解释；但也有些自杀案例确实令人费解。

几年前，有一位美国大学教授和妻子来英国度假，他们共同游览了东伯恩山崖，并没有出事。但夫妇俩回到伦敦准备动身回美国时，教授的妻子突然神秘失踪，原来她独自一人乘火车又回到死亡之崖，并从上面跳了下去。这位教授说，他对此无法解释，他和妻子感情一直很好，这次旅行也很快乐，妻子没有自杀的理由。

死亡之崖屹立在英伦海峡边，悲剧仍在不断发生，从崖上纵身一跳，六秒钟后就粉身碎骨。到底这么多人在此自杀的原因何在，至今仍是一个谜。

土耳其的地下乐园之谜

◉ ◉ ◉ ◉ ◉ ◉ ◉ ◉ ◉ ◉ ◉

土耳其卡帕多基亚的格尔里默谷地，看起来和月球表面很相似。这里的火山沉积物上矗立着奇形怪状的石堡。石堡是由火山熔岩硬化后，经风蚀雨浸而最终形成的。

早在公元8世纪和9世纪时，这里的居民就开始开凿空石堡，将其改装成居室。人们甚至在凝灰岩体上砌出富丽堂皇的教堂，在其中供奉色彩绚丽的圣像。然而，卡帕多基亚真正引起轰动的发现埋藏在地下，那就是巨大的可居住成千上万人的地下城市。其中最著名的一座坐落在今天代林库尤村附近。通往地下城市的通道隐藏在村子各处的房屋下面。人们在这里总是不断地遇到通风洞口，这些通风洞口从地下深处一直延伸到地面。

在这个地带布满了地道和房间。地下城市是一种立体建筑，分成很多层。代林库尤村的地下城市仅最上层的面积就有4平方千米；上面的五层空间加起来可容纳10000人。人们猜测，当时整个地区曾有30万人逃到地下躲藏起来，仅代林库尤的地下城市就有52口通气井和15000条小型地道。最深的通风井深达85米。地下城市的最下层建有蓄水池，用以储藏水源。德米尔先生是地下迷宫——地下城市的发现者，这一发现纯属偶然。在代林库尤，房子下面的地下室被用作冷藏室。有一天，德米在冷藏室偶然发现一个洞口，好奇心促使他向下挖掘……

到今天为止，人们在这一地区发现的地下城市不下36座。其中并不是所有的都像卡伊马克彻或代林库尤附近的地下城市那么大，但都称得上是城市。现在人们已经绘制出了这些城市的俯视图。熟悉这一地带的人认为，地下城市的数量远不止这些。现在所发现的地下城市相互间都通过地道连接在一起。连接卡伊马克彻和代林库尤的地道足有10千米长。

不可思议的地下城市确确实实存在着，可谁是建造者呢？它们是什么时候建成的？用途又是什么？对此，人们有着不同的见解和推测。当然也有人举出具体的史实加以考证。史实之一是在基督教早期，这一新生宗教的信徒寻求避难并最终选中了这里。最早的一批避难者大约在公元2世纪或3世纪，以后一直延续到拜占庭时期，也就是阿拉伯军队困逼坚固的君士坦丁堡（即今伊斯坦布尔）的时候。当时的基督教徒确曾在这里避过难，然而他们并不是真正的建造者。地下城市在他们到来之前就已存在。地下城市到底是谁在何时修建的呢？推测如下：

有一点可以肯定，那就是这一带的地基是由凝灰岩构成的，因为附近就矗立着火山。只要有黑曜岩（即火石）地基就很容易被凿空，而火山在这一地区并不鲜见。就这样，也许花了不仅仅一代人的时间，地基就被掏空了。地下城市大多是超过十三层的立体建筑。在最低的一层，人们甚至发现了闪米特时代的器物。

闪米特人是一支古老的神权民族，大约在公元前1000年以前，他们曾在这一地区生活过。其都城哈图沙离代林库尤大约有300千米。闪米特人曾一度占领了古老的皇城巴比伦。最初的时候，闪米特的国王被看成是神灵，地位大致相当于古埃及的法老。闪米特人原本没有姓名，只是到后来才有了姓名。他们经常戴高帽子来装扮自己，这种帽子今天被称作地精帽。戴这种帽子的人，全世界范围都能见到，可见其传统之深远。有人推测这是人类想以此模仿外星文明使者和肢体不成比例的硕大头颅，称得上是一种爱美的表现。长期以来，对这种戴高帽的现象一直存在着许多曲解，其实，这在当时是一种世界范围内的时尚，并在一些地方，例如古埃及，通过雕塑和绘画被永久记录下来。

有人一直在思考一个问题，人类为什么要把自己隐藏起来？最明显的原因是由于对敌人的恐惧。谁会是敌人呢？

首先，假设地面上的敌人拥有军队，在地面上，他们肯定能看到耕种过的土地和空空如的房屋。而地下城市里建有厨房，炊烟将通过通气井冒出地面，而被敌人发觉。人们都知道，把待在鼠洞般的地下城市里的人们饿死或者封死通气口憋死他们，都是轻而易举的事。所以，人们恐惧的不仅仅是地面上的敌人，他们在地下岩石中开凿避难之所，是因为他们害怕能飞行的敌人。这个猜想是否有道理呢？

当然有。闪米特人在他们的圣书《科布拉·纳克斯特》中就已描述过，所罗门大帝怎样利用一架飞行器把这一地区搞得鸡犬不宁。不仅他本人，他的儿子，所有恭顺他的人，也都曾乘坐过飞行器。阿拉伯历史学家阿里·玛斯乌迪曾描述到所罗门的飞行并大致介绍了他的部族。当时的人类对于飞行现象产生恐惧，我们认为这是完全可以理解的。也许他们曾被剥削、奴役过，所以，每当报警声响起来的时候，人们就逃进地下城市。这和我们今天挖筑地下掩体防护自己的情形是一样的。

上述说法虽然只是一种猜测，但人们完全可以持有这种看法。许多证据表明，有时候300000人曾一齐涌进地下城市。此外，还有大量有关飞行器的古代传说，详细地描述了古代的统治者们怎样带着家眷在空中飞行。

沙滩圣殿之谜

◉ ◉ ◉ ◉ ◉ ◉

蒙圣米歇尔是诺曼底西南角的一个小岛，一千多年来一直吸引着游人和朝圣者，巨浪拍击海湾，形成一片平坦、广阔的沙滩。蒙圣米歇尔山巍然矗立滩上，仅由一条堤道与大陆相连。

几个世纪前，该岛原是诺曼底西南角沼泽林地中的一隅，与陆地连在一起。罗马帝国时代，该处曾用作恺尔特人的墓地，因此一度称为墓穴山。祭司在此祭祀太阳，这是罗马人统治下的一项传统，其实罗马祭司也经常在岩礁上祭祀太阳神密特拉。在这一时期，据传穿着金靴的恺撒大帝遗体安葬在金棺内，埋在墓穴山下。15世纪，该区下沉，百年后岩层变成一座岛屿，潮涨时，完全与大陆隔断，

该岛幽静宁谧，与世隔绝，立即吸引了一批修道士来此定居，并兴建了一座小礼拜堂。直至公元708年以前，该岛再没有新居民。传说708年，天使长米迦勒在梦中命令阿夫朗什的主教奥伯特（后来的圣欧贝尔）在墓穴山上建造一座小教堂。欧贝尔因为对梦境生疑，起初并未动工，促使天使长以同样方式向他发出同一命令。如是直到第三次，天使长米迦勒用手指敲打欧贝尔的头，他才在嶙峋的岛上开始修建教堂。修筑期间，欧贝尔遇到不少奇迹，令他如有神助：晨露标出地基的周界；一头母牛失而复得，在应该放置第一块花岗石的地方出现；襁褓中的婴儿轻轻一脚就清除了拦路的巨砾；米迦勒再度出现，确定淡水源头。重新命名的蒙圣米歇尔很快成为朝圣者的圣地。

966年，山顶上建造了一座能容纳五十名修士住宿的本笃会修道院。1020年，山顶的修道院教堂开始兴建。出于山坡陡峭，建筑任务艰巨，所以这座教堂花了一百多年才竣工。历年来教堂多次局部倒塌，直到现在，教堂虽经无数次重建，但仍能保持罗马式建筑的风格，具有圆拱、厚墙和宏伟的穹顶；不过，15世纪时加建的唱诗班席位却是哥特式的。

然而，修道院的教堂仅仅是蒙圣米歇尔的一个胜景。另一个著名奇观是一座名为梅维尔的哥特式修道院，建于1211～1228年，坐落在蒙圣米歇尔北面，由法国国王菲利普二世创建。原来菲利普二世曾经从蒙圣米歇尔世袭岛主诺曼底公爵手中夺取该岛，焚毁了教堂部分，于是在1203年修建梅维尔修道院作为赔偿。梅维尔修道院由两部分组成，每部分高三层。东翼一楼是修士向贫苦善信布施和提供住宿之所。二楼是贵宾室，是修道院长招待富有来宾的客房。贵宾室内有两个大壁炉，一个用来为修士煮饭，另一个则供取暖。顶层是修士的饭厅。厚墙的上方开了一排天窗，阳光透入室内，异常明亮。就餐时，室内一片肃静，只有一名修士朗读圣经。梅维尔修道院的西翼有一个储藏室，楼上是缮写室，修士曾经在此刻苦地抄写手稿。还有一个大堂，一排石柱将大堂分成四部分。1469年，国王路易十一世创立蒙圣米歇尔骑士团，此后，该大堂就成为骑士团的集会场所。西翼顶楼是修道堂，恍如世外净土。两排细长的石柱上是饰以花叶及人的拱券。

蒙圣米歇尔并非经常祥和宁静。在整个中世纪，该岛成了君主贵胄竭力争夺的战场。15世纪初，"百年战争"期间，该岛建筑了防御工事，经受过英格兰人多次攻击，幸存下来。后来更是挡住了胡格诺派教徒的猛烈进攻。然而，修道院不敌时代洪流，渐呈败象。法国大革命时期，修道院解散，留下七名修士。拿破仑统治期间，重新命名该岛为自由岛。1863年前，该岛一直用作监狱。1863年该岛定为国家名胜古迹区，修道院大部分重建。现在蒙圣米歇尔是法国著名旅游区，只有巴黎和凡尔赛才能与之匹敌。

最大的海底土地之谜

◉ ◉ ◉ ◉ ◉ ◉ ◉ ◉ ◉

在海底最大最高的一片土地是从印度出发，超越印度洋，跟南极大陆联系在一块。这是从古以来最大的一片海底土地。当然，此外还有贡德瓦纳大陆、利亚大陆等等无数个海底大陆，但是都远远不及姆大陆（或者被称为："莱姆利亚大陆"）的面积广大。传说在10000年乃至12000年前，这片大陆曾经在南太平洋上浮现，并且繁盛过。

我们居住的地球是35亿年乃至50亿年前形成的，大海的形成稍微晚了一些，大概是在30亿年前，出现了大海与陆地。地球成为现在的模样，是经过无数的沉浮变化的。但在古代希腊人之间却流传着一个传说，即在古代大西洋的海底有一个沉沦的大陆，名叫"亚特兰蒂斯"。"亚特兰蒂斯"是"亚特拉斯之岛"的意思，是有史以来大西洋最大的岛国。希腊哲学家柏拉图（前427—前347）写的书中，曾经这么说道：

"一万年前，亚特兰蒂斯岛长满了草木，到处有金银、宝石和矿藏。人口很多，过着帝王般的生活，完全是地上乐园。地中海沿海各国，除了雅典城之外，几乎完全被亚特兰蒂斯所征服。不知出于什么原因，它忽略了雅典，可终于为雅典所消灭。但是在一场大地震中，亚特兰蒂斯突然沉落于海底，消失了……"

姆大陆人跟古代秘鲁的印加人一样，把太阳敬为上帝。一位名叫"拉姆"的国王统治着国家，拥有出色的文化，不仅对如何使用火了如指掌，而且还会使用文字，制作土器和编织物，画画和雕刻，甚至驾船出外航海。捕鱼业非常发达，建筑业也特别兴旺，用巨大的石材建筑金字塔那样的宏伟建筑物。在复活节岛上，如今还存在着许多用石头垒成的巨人头像，却无法知道是谁建成的。但有专家认为，这些就是出自当年沉没于大海的姆大陆人的手笔。

根据英国探险家詹姆斯·邱杰伍德的详细调查，姆大陆的人曾在西从埃及、东到墨西哥和中南美洲一带，建立了无数的殖民地。

"现在残留在墨西哥优加丹岛的金字塔，其形状同埃及的金字塔毫无两样。世界文明是从姆大陆开始传向美洲大陆的。当时有个叫阿特兰蒂斯大陆在大西洋的上面，住满了今天称之为埃及、欧罗巴和亚细亚的所有人。因此，姆大陆是世界文明的中心发源地，可以称为世界文化的屋顶。不过，今天的日本人的生活习惯、风俗等等，与传说中姆大陆人非常相近。有人怀疑，今天的日本人甚至就是当初姆大陆人的后裔，因为很有可能姆大陆的人获悉自己脚下的这片大陆行将毁灭，把人

们全部移民到亚细亚的岛国上。"

尽管詹姆斯做了如此推断，但事实上调查所提供的情况是：

1772年，由罗盖温提督率领的一支荷兰舰队，航海至南太平洋。在离美洲3000千米的地方，发现了一个小岛。当船靠近海岸之后，看见巨大的石头头像。这就是著名的复活节岛，那么它和姆大陆有联系吗？

在复活节岛的其他地方，人们发现了有文字记录的石板，詹姆斯在《失去的姆大陆》一书中写道："12000年前，由于一场史无前例的地震毁灭了南太平洋上的一个拥有繁荣文化的大陆，6700万居民一齐沉入了海底。复活节岛是姆大陆的一部分，运气好，没有沉入海底。现在岛上残留的巨大人头石像和石板，估计都是姆大陆时代的遗物。"

1947年4月，挪威人类学者居然驾驶了一个长15米、宽5.4米的木筏，从南美秘鲁的利马港出发，花费了一百多天到了兹亚摩兹群岛。还有其他不少人纷纷上岛投入热情的研究，可是至今为止，好像并没有突破性的收获。

莫努湖杀人之谜

◉ ◉ ◉ ◉ ◉ ◉ ◉ ◉

世界上的湖不计其数，可是能让世人皆知的湖就很少。莫努湖就是其中的一个，可是它的闻名于世并不是因为它美丽的风光，而是因为它能杀人！

对于杰勒牧师来说，1984年8月16日的清晨是一个噩梦。这天早晨，他与几个同伴正驾驶着一辆卡车在喀麦隆共和国境内穿过，当他们经过莫努湖的时候，突然看见路边有个人坐在摩托车上，就像睡着了一样。于是他就向摩托车走过去，眼前的情景让他惊呆了，因为摩托车上的那个人已经死了。

惊魂未定的牧师转身朝汽车走去，可是他发觉自己的身子已经发软。这种感觉不是因为害怕，而是因为他也遇到了摩托车驾驶者遇到的麻烦，他和他的同伴闻到了一种像汽车电池液一样的奇怪气味。这个同伴倒下去了，幸运的牧师设法逃到了附近的村子里。

这股化学云状气体包围了有二百多米长的一段路面。只要经过这段路面，就很难幸免于难。将近11点时，已有三十多人被这种气体夺去了生命。当局接到举报之后，迅速采取了行动。经过对尸体检查发现，这群人的皮肤上都有一度化学灼伤，所有的人都是死于窒息。

进一步的调查表明，罪魁祸首就是莫努湖，因为云状物体是从莫努湖中自然产生的。据附近的村民报告，在前一天晚上他们听到轰隆轰隆的爆炸声。而且湖水已经变成了红色，这说明湖水刚刚翻动过。湖水为什么会变红，又到底是什么引起了这股云雾呢？

在各种解释中，最具有说服力的是火山学家西格德森的观点。西格德森认为在最深的水中，碳酸盐的浓度是固定不变的。正是这种因素导致微妙的化学平衡，使莫努湖发生了强烈的分层。在分层过程中，肯定有某种东西扰乱了这种分层。于是，深水中丰富的碳酸盐朝着水面上升。在突然变化的压力的作用下，碳酸盐分解释放出大量的二氧化碳，这种情形就像打开苏打瓶盖一样，这一爆发形成了五米高的波浪，使岸边的植物都倒下了。这股合成的云状物也就是密度很大的二氧化碳气体，借助风力，这股气体来到了路上，并一直徘徊在离地面很近的地方。除此之外，西格德森认为在这股云雾中还含有硝酸，硝酸是化学灼伤的罪魁祸首。

尽管这种说法能够解释这些人突然死亡的现象，但是，格德森还是说："灼伤仍然完全是个谜。"因为对他自己的这种解释，西格德森也不能确定。

美丽的湖水却忽然成为了杀人凶手

雷姆里亚大陆之谜

◉ ◉ ◉ ◉ ◉ ◉ ◉ ◉

如果有一样东西，有的人说它存在，有的人说它不存在，有的人说它这样，有的人又说它那样，那么，它就会变得神乎其神！

雷姆里亚大陆就是这样。关于雷姆里亚大陆的大胆假设由来已久，而且近乎神奇。早在19世纪后半叶，地质学家们就开始探讨非洲南部与印度半岛之间是否存在过"地桥"——雷姆里亚大陆的问题。特殊哺乳类动物生息的马达加斯加岛、巨大陆龟生活的阿尔达布拉群岛、塞舌尔群岛、马尔代夫群岛、拉克代夫群岛等等，从非洲南部一直延续到印度半岛南端之间。据此，地质学家们推测，这些岛屿莫非是古大陆的残余？

奥地利史前地理学家梅尔希奥尔·纽马伊亚，在其1887年出版的著作《古代大陆》中，描绘了侏罗纪（爬虫类时代中叶）的世界地图，在这张地图上，"巴西·埃塞俄比亚大陆"的角落延伸到"印度·马达加斯加半岛"。这表明印度与马达加斯加曾是一个相互联结的整体。

德国生物学家恩勒斯特·海因里希·赫凯尔发现，一种类似于栗鼠与猿的动物"雷姆尔"，原来生活在马达加斯加，但在远隔大洋的非洲、印度、马来半岛也能见到。据此，他断定，马达加斯加与印度之间的"地桥"直到新生代（哺乳类动物的时代）依然存在，而且，他还认为沉没的大陆很可能就是人类文明的发祥地。

英国动物学家菲利浦·斯科雷特在赫凯尔研究成果的基础上，提议将这个消逝的"地桥"命名为"雷姆里亚"。

魏格纳认为，在古生代，大陆是一个整体，名叫"潘加阿大陆"；中生代（恐龙时代）发生漂移；新生代第四纪冰川来临时，发生分裂。假如魏格纳的论点成立的话，那么分离的陆地之间分布着不同的生物也就不难理解了，"地桥"——雷姆里亚大陆根本就不可能存在了。

然而，文献资料和神话故事对消逝大陆的描绘却令人深信不疑。

公元前1世纪的希腊历史学家提奥多罗斯，记载了一个名叫伊安比罗斯的商人，漂泊到南方大洋中一块陆地上的奇特而又曲折的经历。

这个商人途经阿拉伯，前往"香料之国"。不料，途中被海盗抓去，带到埃塞俄比亚。他与另外一个囚徒偷偷地准备了六个月的干粮，驾着轻舟逃离虎口，向南行进，在海上漂流四个月后，被海风吹到一座岛上。

这座岛周长约900千米，气候四季如秋。居民的体形奇特，但并不丑陋，他们性格敦厚，知识丰富，精通占星术，使用独特的拼音字母，在圆柱上写有文字，人均寿命达150岁，无贫富差别，男女平等。岛上生长着一种苇草，果实可以吃，还有温泉、冷泉，岛的周围海中有七座小岛，亦有居民居住。

这个商人在岛上生活了七年，最后辗转印度、波斯（今伊朗）返回希腊。

这则故事自然会使人联想到柏拉图笔下的"乐园"——亚特兰蒂斯，同时，也使人联想到英国作家丹尼尔·笛福在《鲁滨孙漂流记》中描写的鲁滨孙的奇特经历，可以食用的苇实可能指的就是稻米。

希腊人从远古时代起，一直称呼传说中消逝的大陆居民为"普利塞利里特人"，据说这个大陆气候宜人，土地肥沃，人丁兴旺，后来因为触犯神灵而沉入大洋底部。

斯特拉波、普利里乌斯等古希腊罗马学者，均写过东方大洋中的大岛"塔普罗巴赖"的事情。

古代泰米尔族历史学家们在对自己祖先的发祥地进行考察后坚信，在遥远的古代，祖先们生活在位于赤道附近一块名叫"纳瓦拉姆"大岛的南部，大陆的首都"南马德拉"后来沉入印度洋海底。

泰米尔族使用的语言是泰米尔语，迄今在印度次大陆南端马德拉斯邦、斯里兰卡等地仍在使用。这种语言是南亚德拉维亚语系中远古时期最为发达的一种书面语。这一系列的文献记载和神话传说，都说明印度洋中曾经存在过一个鲜为人知的"雷姆里亚大陆"。

雷姆里亚大陆对神秘主义者来说更有特殊的魅力。

19世纪末，俄国人埃雷娜·布拉巴斯基女士在神秘主义的进化论中将雷姆里亚人也列入其中。她认为地球十七个始祖之中，第三个出现的是雷姆里亚人，他们雌雄同体，卵生，像猿人一样，有的有四只手，有的脑后长着一只眼睛。

对于雷姆里亚大陆进行最系统探讨的是路易斯·斯潘斯。他在《雷姆里亚问题》的专著中，提出了两个雷姆里亚大陆的假说。

其一是从印度洋横向延伸到太平洋；另一个是同样的起点从印度洋倾斜延伸到太平洋。

他发现大洋洲民族在人类学上和地理上的分布是一致的。密克罗尼西亚分布着印度尼西亚人种，夏威夷、波利尼西亚和新西兰分布着波利尼西亚人种；所罗门、斐济分布着美拉尼西亚人种。他认为，这种分布意味着雷姆里亚大陆并不是一个独立的整体，而是由两块夹着狭窄海沟的陆地构成，一块陆地包含新喀里多尼亚、苏门答腊岛等；另一块陆地包含夏威夷群岛、新西兰岛、萨摩亚群岛、社会群岛等。

斯潘斯的雷姆里亚大陆说，与麦克米兰·布朗提出的太平洋姆大陆说既相重复，又相矛盾，尤其是在居民问题上有严重分歧。布朗认为，现在的大洋洲居民大部分定居了10万年以上，而斯潘斯则认为，太平洋地区，至少太平洋东部曾经生活过金发白皮肤的先民，并不都是棕色人种。布朗和斯潘斯均认为，古大陆的毁灭是由于地球内部剧烈变化引起的，但是布朗认为，古大陆的毁灭是急剧的、转瞬即逝的；斯潘斯认为，古大陆是随着地震、海啸、火山喷发等一系列自然灾害而缓慢沉没的。

斯潘斯认为，雷姆里亚大陆的原始居民是白种人，拥有高度发达的石器文明。众多岛屿上遗留下来的石建筑便是最好的说明。

至于这个大陆居民的去向，斯

潘斯认为，雷姆里亚大陆沉没后，这个民族经过亚洲，移居到欧洲，残留下来的人们在恶劣的条件下逐渐退化。此后，波利尼西亚、密克罗尼西亚、美拉尼西亚的居民的祖先相继来到这里，与雷姆里亚大陆的居民融合……

苏联语言学博士、地理学会员亚历山大·孔德拉特夫在其著作《三个大陆的秘密》中，从语言学角度探讨了南亚德拉维达语系与雷姆里亚大陆的关系。通过将印度文明中代表性的遗址摩亨佐达罗、哈拉帕出土的印章和护符中的象形文字输入电脑，与其他地区的语言进行比较后发现，它们吸收了苏美尔人的语言，与德拉维达语最为接近。因此，他认为印度文明与苏美尔文明起源于同一个文明，而这个更为古老的文明已伴随着雷姆里亚大陆的消逝而烟消云散。

尽管雷姆里亚这一名称在19世纪即已出现，但是对印度洋的正式调查则始于20世纪60年代。

1968年，美国斯库里普斯海洋研究所对印度洋中央海岭进行了科学调查，发现大西洋底有四条南北走向的大海岭，其中两条大海岭今天仍在不断增大。活跃的海岭与不活跃的海岭为何能同在一个大洋底部呢？至今仍无法解开其中的奥秘。

马达加斯加岛、塞舌尔群岛，以及澳大利亚西部的布罗肯海岭作为古大陆的一部分，是怎样从周围的大陆中分离开来的呢？这还是一个令人难以解释的悬案。

科学调查结果表明，对印度洋底部地形最为复杂的西北部马斯卡林海域进行钻孔地质调查，发现这一带海底下沉了一千多米。这是在数千万年的地质年代里发生的。

根据板块结构理论，喜马拉雅山与印度洋是由于共同的成因形成的，由于印度板块向正北方向移动约5000千米，与亚洲板块相撞，形成巨大的喜马拉雅山。那么，在这个具有划时代意义的变革中，雷姆里亚大陆沉浮如何呢？据考察，这个变动发生的年代至少可以追溯到4500万年前。

最新调查结果表明，印度洋海底地壳活动频繁，有些部分持续下沉，有些部分在不断增长。这些缓慢不断的变化，是否可以作为雷姆里亚大陆曾经存在的一个有力证据呢？

南极不冻湖的奥秘

南极1400万平方千米的土地，几乎完全被几百至几千米厚的坚冰覆盖了，这里温度达到了-50℃，一切在这里都没有了活力。可是，就在这块冰天雪地的地方，科学家们却意外地发现了不冻湖。这个不冻湖的面积达2500多平方千米，这里没有任何人类的足迹，生物也极其罕见。更令人惊奇的是这样的湖在南极不止一个，苏联考察队利用电波器在他们基地附近厚达3000米的冰层下，又发现了九个不冻湖。

这是一个令人费解的问题。地质学家考察后发现，这个湖泊的周围没有任何火山活动的现象。湖水跟地球表面上的其他水也没有什么不同。为什么在这样的条件下，水没有凝固成冰呢？

部分科学家认为，这是在特殊条件下气压和温度交织在一起的结果。这些科学家根据气压与固体融点之间的关系，从南极湖水所承受的特殊压力的角度去解释不冻湖的不冻之谜。的确在三千多米的冰层下，湖水所承受的压力可达到278个大气压。在这样强大的压力下，冰在-2℃左右就会融化。同时，冰层能有效的防止热量的散发，使南极大陆凹部的大量冰融化，变为"湖水"。然而，这种观点遭到了反驳，因为假如是这样，那么南极地区的所有湖水都应该不会结冰，为什么唯独这里能够这样？

其他一些科学家认为：这个"温水湖"水下，很有可能有个大温泉，把这里的水温提高了，冰融化了。然而，这种观点因为得不到合理的考证而受到了其他科学家们的质疑。直到今天，还没有人能够拿出能说服人的例子来证明这种观点。

还有一些科学家推测为：湖水其实是被太阳晒热的。他们认为，这个四周被冰山包围的湖实际上是一潭死水，它的热量很难发散。而这里的冰层就像一个透镜一样，能够使太阳光线聚焦，成为湖上的一个热源。天长日久，就形成了这一个冰川上的不冻湖。不过这种观点遭到了与第一种观点相似的质疑。

宇宙学家于是提出了"外星人说"，这种说法认为，在南极的冰层下极有可能存在着一个由外星人所建造的"秘密基地"，是他们在活动场所散发的热能将这里的冰融化了。不过南极究竟有没有外星人，迄今为止，尚未找到足够的证据。

神秘的南极厚厚的冰层下是波光粼粼的湖水

杀人谷和食人洞之谜

◉ ◉ ◉ ◉ ◉ ◉ ◉ ◉ ◉ ◉ ◉

1973年3月，对于年轻的摄像师阿克青来说是一个不幸的月份，就在他结婚的那一天，他的新娘突然在埃及阿列基沙特亚市的勒比尼大亚大街上被一个神秘的魔洞吸了进去，从此不见了踪影。而当人们挖开路面时，却什么也没发现。

而后，这种神秘的事件一共发生了四起，而且非常奇怪的是这些受害者无不是沉浸在新婚快乐之中的新娘子，看来是有谁想跟这些幸福的人过不去了。警方的所有预防措施都毫无用处，科学家们的各种猜测也被否定。这些神奇的劫美案只好不了了之。

另一个谜，人们一样说不出所以然来，只要有动物或者人涉足该地，悲剧就很难避免地发生了。

俄罗斯勘察加半岛上克罗诺斯猎区就有这么一个地方，在这里，有一个长约2000米，宽100～300米的狭长地带，这个地带简直就是动物的地狱。这里一片死寂和荒凉，密布着纵横交错的深沟和深坑。天然硫黄在这里随处可见。除了在它的斜坡上覆盖着终年生长的雪苔外，这里简直就什么植物也没有了。不过，这里最让人难以忍受的是成堆的动物尸体，这些动物们当然不希望葬身在这个地方了，可是，只要他们路过此地，就难免遇难了。而它们的尸体又成了引诱更多的食肉动物的最好的饵料。

曾经有人亲眼看到过一只膘满肉肥的黑熊闯入"死亡谷"，想饱餐一顿，就在它刚张开血盆大口准备品尝这些动物的时候，神灵就开始召唤它回归天国了。看来一切生灵到这里都注定了要以不幸结束。

另一处死亡谷似乎温柔一点，因为它只陷害人类，对动物却网开一面，于是这里就成了动物们的天堂。

这处奇异的山谷位于美国加利福尼亚州与内华达州毗连的山中，长22.5万米，宽在6000～26000米之间，总面积共有1400多平方千米。1949年，美国一支寻找金矿的勘探队伍几乎在这里全部丧生，幸存者不久之后也神秘地死去。陆续去那里的探险者无一幸免。不过，从外面看，这里的鸟类、蛇类动物却多得数不胜数。也许，这里是动物自己构成的一道抵御人类的天然屏障吧。

在人类现在已经发现的各种死地之中，最让人感到恐惧的恐怕还是印度尼西亚爪哇岛上的"死亡洞"了，这里有六个庞大的山洞，人或动物只要靠近洞口六七米的地方，就会受到一种神奇的吸引力的吸引，一旦被吸进去了，就难逃它的魔爪了。据说，有些科学工作者动用各种现代化的器械才逃过这一劫，根据他们目击的情况，洞里堆积了大量的人和动物的尸体。

看来，对这些地方，人类只能避而远之了。

神奇的大地上有很多是人们无法涉足的地方

长人岛之谜

◉ ◉ ◉ ◉ ◉

在浩瀚无垠的加勒比海上，有个神奇的小岛，名叫"马提尼克岛"。从1948年起，十年左右的时间内，岛上出现了一种令人们迷惑不解的奇异现象：岛上居住的成年男女都长高了几厘米，成年男子平均身高达1.90米，成年女子平均身高也超过1.74米。岛上的青年男子如果身高不到1.80米，就会被同伴们耻笑为"矮子"。更为奇特的是：不仅岛上的土著居民如此，成年的外人到该岛来居住一段时期后也会很快长高，例如，64岁的法国科学家格莱华博士和他的助手57岁的理连博士，在该岛上只生活了两年，两人就分别增高了8厘米和7厘米。40岁的巴西动物学家费利在该岛上只进行了三个月的考察，离开该岛时竟已长高了4厘米。英国旅行家帕克夫人年近花甲，在该岛旅行一个月后也长高了3厘米。

由于生活在该岛上的成年人甚至老年人都能长高，因而该岛被称为"长人岛"。其实，不仅人，而且岛上的动物、植物和昆虫的增长尤为迅速。岛上的蚂蚁、苍蝇、甲虫、蜥蜴和蛇等，在从1948年起的十年左右时间都比通常增长了约8倍，特别是该岛的老鼠，竟长得像猫一样大。

究竟是一种什么样的神秘力量促使该岛上的成年人、动物、植物和昆虫躯体如此迅速增长呢？这种神秘的力量又是来源于何种物质呢？

为了揭开此谜，许多科学家千里跋涉来到该岛，长期进行探测和考查。有些人认为是外来文明的辐射；一些科学家认为岛上蕴藏着某种放射性矿藏，"催高"了身体。

特洛伊古城之谜

◉ ◉ ◉ ◉ ◉ ◉ ◉ ◉

凡是读过《荷马史诗》的人，都会深刻感受到故事中映射出来的远古希腊文明。同时，始终环绕故事中心的特洛伊古城也会深深地留在人们的记忆中。在回味希腊部落英雄的史诗般功绩的同时，人们也不会忘记，特洛伊之战历经十年后的最终结局是特洛伊国破城毁。《荷马史诗》作为历史、文学的不朽之作一直对欧洲文明产生着巨大的影响，而且人们也一直在探寻《荷马史诗》的真实性。特洛伊城在哪里？它真的存在过吗？

根据有关史料记载，在距离特洛伊战争五百多年以后，重新从原始社会起步重建古希腊文明的希腊人，曾经在他们认定的特洛伊城原址上重建了一座名为"伊利昂"的新城市。公元前480年，波斯国王为了同希腊人作战，曾经到这里为智慧女神雅典娜举行过百牲大祭。公元前330年，亚历山大大帝远征波斯之前，也在这里拜祈过女神雅典娜。但是到了公元初年，罗马执政官龙利乌斯·恺撒来这里凭吊他的祖先埃涅阿斯出生地时，这里已是一片荒芜。罗马时代开始，又在这里建了一座新城。它兴盛繁华了几百年后，又被地震摧毁了。从此，特洛伊这块地方就慢慢被人遗忘了。后来，人们甚至都不相信在地球上还有过这个城市。

19世纪中叶，一位立志要解开这个千古之谜的德国人海因利希·施利曼，放弃了他作为大富翁的优裕生活，执着地寻找这座千古名城的遗迹。虽然历经千辛万苦，但功夫不负有心人，他终于在位于安纳托利亚西北角、濒临达达尼尔海峡入海口的希萨尔利克山中，找到了特洛伊古城。他在这片古文明遗址中，发掘出一个大的赤铜容器，里面满满地装着稀世珍宝。金戒指、金发夹和金制酒杯、花瓶都是数以千计，总共有近万件珍宝。其中一项玲珑奇巧的纯金头饰最令人叫绝，它是由1.6万件小金板用金箔缀连而成的，还有两条垂及肩头的发辫和头环组成的头饰，真正称得上奇珍异宝。

他们的重大发现引起了全世界的轰动，也在学术界争论了许久。有的人认同他们的发现，也有人否认这是特洛伊的遗迹。今天，真相已经大白，这里就是特洛伊古城遗址。经过近一个世纪的挖掘，现在特洛伊城的全貌已展现给世人。在深达三十米的地层中，已经发掘出了从公元前3000年到公元400年间，分属九个不同历史时期的特洛伊古城遗址。这已经充分证明：特洛伊文化不仅是真实的历史，而且源远流长。在这里，人们能从公元400年左右罗马帝国时代的古城遗址中，看到当年气势雄伟的雅典娜神庙遗迹，还有议事厅、市场、剧场的遗址。

最令人激动的是：使用科学方法鉴定出的公元前1300至公元前900年间的特洛伊古城遗址，显示出它是被彻底烧毁了的。这证明了《荷马史诗》对历史的准确描述。人们在这里可以看到残败的石墙厚约五米，在里面还发现了大量造型朴素、绘有几何图形的彩陶和其他生活用品。施利曼发现的文物都出自这个遗址。据说他们发现的那个盛珍宝的容器就是特洛伊国王普里阿莫斯的宝库，那个精美绝伦的头饰是绝代美人海伦曾经戴过的。

特洛伊古城已经彰显于天下了，可是，还有很多历史秘密没有被揭开。在这里出土了大量不同形式的古代文献，里面很可能蕴藏着更多能揭示古代文明秘密的信息。可惜，特洛伊文字至今还没有被破译。同时，特洛伊人的民族起源和这一古老民族一样，也是一个谜。

旋转岛之谜

◉　◉　◉　◉　◉

在西印度群岛，有一个会旋转的岛屿，它竟然会像地球那样自转，每二十四小时就能自转一周，而且一直不停。

1964年，一名叫卡得那的船长指挥着一艘"快捷"号的货船经过西印度群岛，忽然，一名船员发现前边有一个特别小的海岛。卡得那船长听到这个消息之后，连忙走到甲板上去观察，发现这个小海岛到处长满了茂密的植物，而且还有很多沼泽。卡得那船长指挥船员绕着海岛转一周，整个过程花了半个小时。后来，卡得那船长又让舵手把船停在了一个好上岸的地方，自己则带着几个船员登上了小海岛。这个小海岛上没有人烟，也没有什么珍禽异兽，失望的卡得那船长只好回船上。然而，当他们回到刚才登

上小海岛的地方的时候，怪事发生了，有个船员忽然发现这里离刚才停船的地方相差了好几十米。经过查证，舵手也没有动过船，他们研究来研究去，终于发现，怪就怪在这个小岛是可以自转的。

后来，更多的好奇者来到了这个岛上。经过观察，他们发现这个小小的海岛真的是自己在旋转。那么，这个小海岛为什么会旋转呢？有人猜测，这个小小的海岛实际上是一座浮在海面上的冰山，因为潮水的起落而旋转的。不过，这种说法很难解释它的自转为什么那么有规律，这个问题只好由科学家来回答了。遗憾的是，当科学家们再来寻找这个海岛的时候，这个海岛却突然消失了。看来，这只好作为一个谜，被永远地埋藏起来，除非那

个小岛能够再度出现。

除了这个小岛之外，人们还发现，日本列岛也并不安生。科学家们考察后发现，在100万年的时间里，日本列岛曾经以朝鲜半岛和北九州岛之间的一点为轴心，沿着顺时针的方向相对于欧亚大陆旋转了47°。经过精密的计算，日本列岛旋转部分向东端移动了600万米，也就是平均每一年就要移动60厘米。而就在这同一时间里，日本列岛的东北部分沿着逆时针方向旋转了23°。

进一步的考察发现，原来的日本列岛是紧靠着大陆边缘的，它以前曾经是亚洲大陆的一部分。只不过到了后来，大约在6000万年前至3000万年以前的时候，它才被某种巨大的力量推离了亚洲大陆，并且"折弯"成了现在的这种弯弓形状。

这种说法让人感到惊诧。不过科学家认为，由于印度次大陆板块和欧亚大陆板块的碰撞，造成了世界上最高的喜马拉雅山脉的隆起。日本列岛以及相邻的另外几个形状和方向与日本列岛相同的弓状列岛，也都是在这个巨大的地壳变动中从亚洲大陆上被"撕裂"开来的。

根据这种理论，日本列岛这种美丽的弓形状态似乎无法永远地保持下去。不过，是否真的这样，科学们不敢断言。但不可否认的是，那种巨大而神奇的力量还在推动着这个美丽的列岛慢慢地旋转着。看来，日本岛还要经历几次大变样。

奥克兰岛海洞之谜

◉ ◉ ◉ ◉ ◉ ◉ ◉ ◉ ◉

1886年5月4日这天，澳大利亚的麦尔邦港里大大小小的各种船只往来穿梭，一片繁忙。只见一艘叫做"格兰特将军"号的船扯起风帆，慢慢地驶出了港口，朝着茫茫的大海深处驶去。

这艘"格兰特将军"号船上有一些旅客，还装载着黄金、皮革、羊毛和一些别的货物。它要经过新西兰的南部岛屿，开往英国的首都伦敦。

"格兰特将军"号在海上飞快地航行着。天气非常晴朗，海面上的风浪也不怎么大，真是一帆风顺！所以，在5月13日的时候，它就已经接近了新西兰南部一个叫奥克兰的岛屿。

这时候，天色慢慢地黑了下来，风也越刮越小了。"格兰特将军"号的船长命令舵手放慢了速度，朝着奥克兰岛缓缓地开了过去。

到了半夜的时候，"格兰特将军"号的船长命令舵手把船的速度放得更慢，然后，他就干别的事情去了。整个海面上显得特别安静，只有船桅上的绳索发出一阵阵轻轻的声响。

"格兰特将军"号又往前航行了一段路程。这时候，一个负责察看的水手对值班的大副说："报告大副，奥克兰岛就在眼前了。"大副抬起头仔细一看，船果然就要到达奥克兰岛了。于是，他传下命令，对舵手说："改变航向，绕过奥克兰岛，继续前进！"舵手接到命令，立刻转舵。没想到，船却还是停留在原来的航向上，根本没动地方。舵手感到特别奇怪，赶紧一连转了几次舵柄。可是，船还是没动。这是怎么回事儿呢？原来，"格兰特将军"号已经陷到了强流当中。舵手正在惊奇的时候，忽然觉得船只被强流连推带拉飞快地朝着奥克兰岛冲了过去。船长发现情况不好，急忙赶了过来。他和所有的水手们心里非常清楚，"格兰特将军"号已经陷入了特别危险的境地，如果再不改变航向，就会撞到奥克兰岛上。船长和水手们急忙帮助舵手使出浑身的力气来转动舵柄。但是，不管他们怎么奋力想使船只脱离险境，都不起作用。最后，只听"轰隆"一声巨响，"格兰特将军"号终于撞到了奥兰克岛的石壁上，船舵"咔嚓"一声就被折断了。

这时候，"格兰特将军"号上的旅客们正在安稳地睡着觉，被这突如其来的声响一下惊醒了。他们一个个睡眼惺忪，穿着睡衣就急急忙忙跑到了甲板上。旅客们揉揉眼睛仔细一看，立刻被眼前的情景吓呆了。只见"格兰特将军"正在强烈的海流当中"滴溜滴溜"不停地打着转儿。忽然，又冲过来一股海流，冲击着船转了一个大圈以后，就朝着岛屿的另一处石壁撞了过去。更可怕的是，人们发现那个石壁上隐隐约约出现了一个黑乎乎的大海洞。那个大海洞正在张着黑乎乎的大嘴，好像要把整个"格兰特将军"号吞进去。

水手们看到那个黑乎乎的大海洞，虽然吓得两条腿一个劲地发软，可他们毕竟是水手，还在做着最后的努力，来挽救"格兰特将军"号，挽救船上的旅客们，也在挽救他们自己。

海流还在猛烈地冲击着"格兰特将军"号，"格兰特将军"号最后身不由己地被冲进了那个巨大的黑洞当中，前桅杆"咔嚓"一声撞到了石壁上折成了两截，又"轰隆"一声倒了下来，"啪"的一声砸在了甲板上。船长和旅客们感到好像是天塌地陷了一样的恐怖。接着，人们什么也听不见了，耳朵里只有那汹涌海水的吼叫声，吓得浑身哆嗦，乱成一团。他们再往周围一看，黑茫茫一片，什么也看不见，只能坐在杂乱的甲板上等待着天亮。

几个小时以后，黎明的曙光终于露了出来，天终于亮了。船长借着黎明的光线一看，"格兰特将军"号正在大海洞的洞口里边，船的桅杆紧紧地顶在海洞洞口的上部。看样子，如果不是桅杆顶在洞口上，整个船只早就被吞进去了。

现在应该怎么办呢？船长想了想，决定用救生船先把旅客们弄下船，送到岛屿上去。于是，他命令三个水手，放下了救生船。旅客们下到救生船上，划到了海洞的外边。

谁知道，正在这个时候，海水开始涨潮了，汹涌的浪潮猛烈地冲击着"格兰特将军"号，发出一阵阵吓人的声响。工夫不大，"格兰特将军"号的船底就被浪潮巨大的力量冲撞出了一个大窟窿，海水顿时"咕嘟咕嘟"地涌进了船舱。"格兰特将军"号开始慢慢下沉了。

船上的旅客们看到这种情景，吓得不知道怎么办才好了，那些身体强壮的男人纷纷跳进海里想逃生。可是，那个黑乎乎的大海洞好像有一股巨大的吸引力一样，一下就把那些人吸进了海洞里。只有四

人侥幸逃到了洞外的救生船上。

这时，"格兰特将军"号上没有跳船的人，大都是一些妇女、儿童和体弱的人，大约有40人。船长赶紧叫水手们放下一艘长艇，带着他们快逃命。没想到，水手们刚刚把长艇划出洞外，迎面涌来一阵汹涌的海浪。结果，长艇被海浪"哗"的一声打入了海底，长艇上的人们几乎全都没有了性命，只有一个叫大卫·阿斯渥斯的旅客和两个水手紧逃慢逃才逃到了洞外的救生船上。

海浪还在无情地冲击着"格兰特将军"号，海水还在不停地涌进船舱。最后，它终于慢慢地沉入了深不可测的海洞当中，船长和船上的人们都不见了踪影……

那些逃到救生船上的人们眼睁睁地看着"格兰特将军"号沉入了海洞，真是又惊又怕。大副先让大家镇静下来，然后想了想说："这附近有一个小岛，叫做失望岛。现在，咱们只能到那儿去了。"别的水手一听，也想起了那个小岛，就说："好，咱们就到那个失望岛去吧。"于是，大副和水手们拿起船

桨，划起救生船，带着那些幸存的旅客，朝着失望岛划去。

5月16日，大副和水手们来到了失望岛。他们上了岛上一看，哎呀，这个小岛和它的名字一样，真的是一个名副其实的失望岛。只见小小的岛上很荒凉，也没有人会到这么一个荒岛上来，甚至连船只也很难经过这里。

人们只能靠海豹的肉来填饱肚子；披着海豹的皮，缩在用海豹皮搭成的棚子里，艰难地熬着漫长的时光。

第二年春天，有一天，人们忽然发现远方的海面上出现了两艘船。他们顿时兴奋起来，一边拉着嗓门高声呼喊，一边不停地挥舞着手里的海豹皮。可是，那两艘船离失望岛太远了，船上的人们根本发现不了他们，慢慢地开走了。

一个水手说："咱们应该赶紧动手做一个小船。如果再有船只出现，咱们就可以划着小船去追赶了，那样咱们也许就会有救了。"大家一听，觉得他的话非常有道理，立刻从地上爬起来，到处寻找木头，做起了小船。

过了些日子，海面上又出现了一艘船。这时候，失望岛上的人们已经把小船做好了。两个水手急忙登上小船，拼命地朝着那艘船划了过去。其他人拼命地喊叫，不停地挥舞着手里的海豹皮。就这样，那艘船上的人终于发现了失望岛上的人们，失望岛上的人们终于得救了，终于结束了两年的孤独艰难的生活。

大海洞的消息传开，吸引了大批寻宝和探险队前往，但是大海洞却神秘地失踪了。这又是怎么回事儿呢？难道说，大海为了保住自己的秘密，把奥克兰群岛的那个大海洞藏起来了吗？谁也说不清楚，也许这又是一个永远也解不开的谜……

荒岛水下地狱之谜

◉ ◉ ◉ ◉ ◉ ◉ ◉ ◉ ◉

人们都记得，那天风和日丽，一场高难度的悬崖跳水表演将在这个风景怡人的半岛上举行。

这个半岛三面环水，一面是山，风光旖旎，人迹罕至，悬崖下的海水深邃莫测。险峻的仙境风光和特色比赛吸引了许多猎奇者来到这里，坐在游艇上，等候着这场别具一格的精彩表演。

随着发令枪响，30名跳水运动员跃下悬崖，在空中做着各种表演动作，钻进了大海之中。观看者目不转睛地欣赏着运动员的精彩表演。可是，半个小时过去了，却不

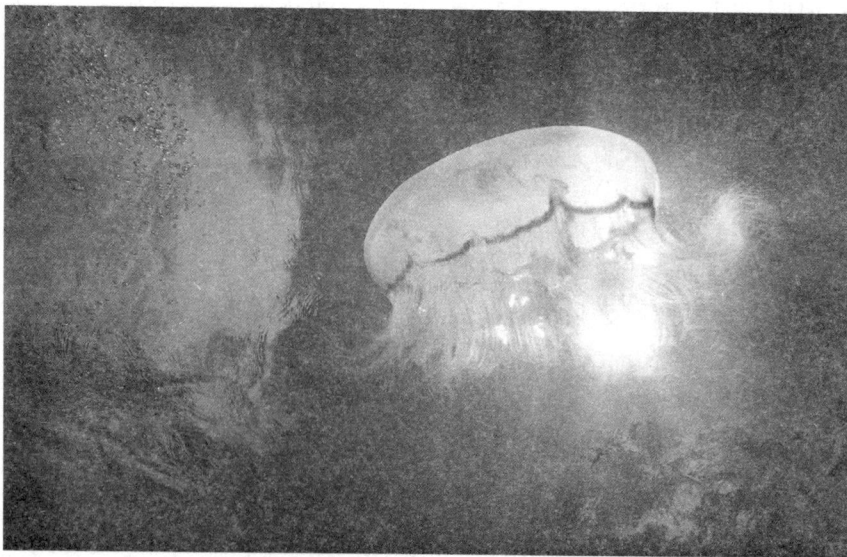

平静的海面掩盖着充满危机的海洋深处

见有人露出水面。人们大为惊慌，运动员的亲属悲伤地哭着。表演的组织者立即派出救生船和潜水员寻找运动员，可是过了几个小时，连下海救生的潜水员也无影无踪了。

第二天，一名经验丰富的潜水员被派下海探查。他配备了安全绳和通气管。人们在岸上焦急地关注着。当安全绳下到5米时，一般强大的力量将潜水员、安全绳和通气管以及船上的潜水救护装置全部拖进海底。表演的组织者惊慌极了，迅速向瑞典抢救部门求援，一艘瑞典的微型探察潜艇来到这片海域。令人难以置信的是，这艘微型潜艇入海后也是一去不返。

什么原因导致了运动员和潜水员无一返回呢？难道海底有食人怪兽吗？可为什么不见一点血迹呢？这也只是猜测，因为没有人敢去探个究竟。一筹莫展的情况下，请来了美国地质学家主持调查研究。

随着探测器不断向前，人们发现所有尸体都在一股强大的潜流中，包括30名运动员，2名潜水员和那艘微型潜艇，以及一些脚上拴着铁链的尸体。那些脚上拴着铁链的尸体从哪里来的？他们是些什么人？他们的尸体为什么没有腐烂？新的问题又摆在人们面前。

专家们经过调查以后提出了一些看法。他们认为，这里是暖流和寒流的交汇处，因而形成了一股强大的旋涡，把附近的人和物体都卷入涡心，埋到水下。这里水质纯净，不具备各种生物所需要的微量元素，所以尸体未腐烂。另外，这个半岛可能曾经是一座大监狱，死去的犯人不断被投入海底，逐渐聚积了这么多尸体。这就是那些脚上拴着铁链的尸体的由来。

后来由于某种原因这座大监狱被遗弃了。但究竟是什么原因，专家们一时也无法弄清楚。有的学者认为，那些带着铁链的尸体是许多年前不幸死难而被遗弃的奴隶，随着交汇的水流被卷至此。但他们也只是推测。看来，要揭开荒岛水下地狱的真面目，不是仅仅依靠大量研究就能解决的。

幽灵岛行迹之谜

● ● ● ● ● ● ●

这里所说的"幽灵岛"指的是海洋中行迹诡秘、忽隐忽现的岛屿，而并非是那种热带河流上常见的、由于涨水或暴风雨冲走部分河岸或沼泽地而形成的漂浮岛。至于"幽灵岛"的成因与漂浮岛的形成有多大联系，还有待于继续探讨。

1707年，英国船长朱利叶斯在斯匹次培根群岛以北的地平线上发现了陆地，但他总是无法接近这块陆地，他完全相信这不是光学错觉，更将那"陆地"标在了海图上。过了近200年，海军上将玛卡洛夫的考察队乘"叶尔玛克"号破冰船到北极去，考察队员们再次发现了朱利叶斯当年所见到的陆地。1925年，航海家沃尔斯列依也在这个地区发现过这个岛屿的轮廓。1928年，当科学家前去考察时，却没有发现任何岛屿的存在。

类似的事情在地中海也发生过，那是1831年7月10日，一艘意大利船途经地中海西西里岛西南方的海上，船员们目睹了一场突现的奇观，海面上涌起一股二十多米高的水柱，方圆近730平方米，转眼间变成一团烟雾弥漫的蒸汽，升到近600米的高空。八天以后，当这只船返回时，发现这儿出现了一个冒烟的小岛。四周海水中，布满了多孔的红褐色浮石和不可胜数的死鱼。这座在浓烟和沸水中诞生的小岛，在以后的十多天里不断地伸展扩张，由4米长到60多米高，周长也扩展到4.8千米。由于这个小岛诞生在航运繁忙、地理位置重要的突尼斯海峡里，引起了各国的注意，并派人前往考察。正当各国在为建设这座新岛、彼此间争夺其主权的时候，这个岛忽然开始缩小，仅三个月便隐入了水底。但它并未真正消失，在以后的岁月，又多次出现，直到1950年它还表演过一次。于是它就成了名副其实的"幽灵岛"。

在大西洋北部，有座盛产海豹的小岛，是由英国探险家德克尔斯蒂发现的，至今已有一百多年。它被命名为德克尔斯蒂岛。因这里盛产海豹，招来大批的捕捉者，并在岛上建立了营地、修船厂。1954年夏季，此岛突然失踪。

加拿大政府派出了侦察机、军舰前来寻找，均无结果。事隔八个月以后，一艘在北大西洋巡逻的美国潜水艇，突然在航道上发现一座岛屿，潜水艇艇长罗克托尔上校大为震惊，因为他经常在这一带海域航行，航海图上从来没有这样一个岛屿，罗克托尔上校在潜望镜上一看，发现岛上有炊烟，原来有人居住。潜水艇靠岸登陆。上岸一问居民，才知道这是失踪了八个月的德克尔斯蒂岛。

罗克托尔上校在航海图上一查看，经测量，该岛在原德克尔斯蒂岛的坐标以东800海里之处。岛上的人员、设备、营地齐全，他们移位了800海里，却一点都不知道。居民们只是奇怪，为什么没有船只来送给养，接走捕捉的海豹呢？当他们得知自己所在的岛屿移位了800海里时，才大吃一惊。

茫茫大海中的"幽灵岛"是怎样形成的？这成为世界海洋科学家们的热门话题。

各国的海洋科学家们对"幽灵岛"的忽隐忽现、会移位感到不可思议。人们对大自然的神秘莫测惊奇！感叹！到底是什么鬼使神差所为呢？这是一个难以解开的谜团。覆盖地球面积约2/3的海洋，科学家们对它的探索、研究正在加快步伐，但"幽灵岛"的谜团何时才能真正解开，人们正拭目以待。

地球水源产生之谜

● ● ● ● ● ● ● ●

当你在海边玩耍时，看到一望无际的海洋，你是否曾想过海水究竟是从何而来？难道是上帝对人类的馈赠吗？

起初，科学家们坚信，这些水是地球固有的。它们开始以结构水、结晶水等形式贮存在矿物和岩石之中。以后，随着地球的不断演化，它们便从矿物、岩石中释放出来，成为海水的来源。譬如，在火山活动中总有大量的水蒸气伴随着岩浆喷溢出来，据此，一些人认为，这些水蒸气便是从地球深部释放出来的"初生水"。

然而，一些科学家却有不同看法。他们认为，这些"初生水"就是从地面渗入的。最近的研究也确实证明了这一点。近代兴起的天体地质研究同时表明，在地球的近邻中，无论是距太阳最近的金星、水星，还是距太阳更远一些的火星，都是贫水的，唯有地球得天独厚，拥有如此大量的水。所有这些，都让科学家倍感奇怪，纷纷探讨地球水的真正来源。

一些科学家认为，地球上的水，至少是其中大部分，并不是地球固有的，而是由撞上地球的彗星带来的。最近，美国的一些科学家，在研究人造地球卫星发回的数千张地球大气紫外辐射照片时意外地发现，在圆盘状的地球图片上总有一些小黑斑。每个小黑斑大约只存在两三分钟，面积约有2000平方千米。并且从图片上可以算出，每分钟就会有二十个左右的小黑斑出现。一开始，他们也弄不清楚这些黑斑到底是如何形成的。后来经过进一步的仔细研究，他们认为这些斑点是一些由冰块组成的小彗星冲入地球大气层时，因摩擦生热转化为水蒸气的结果。如其平均直径按10米来算，则每分钟就有1000立方米的水进入地球，一年可达0.5亿立方千米左右。由此继续推算下去，地球至今已有46亿年的历史，在这个过程中，就会有23亿立方千米的彗星水进入地球，而这个数字显然大大超过现有的海水总量。因此，这种推测的可信度仍值得怀疑。

还有一些科学家仍然坚信，这些水是地球固有的。他们指出，虽然有证据表明火山蒸汽与热泉水主要来自地面，但并不能排除其中混有少量真正的"初生水"。

同时，有些科学家解释，金星、水星和月球上，原先并不是没有水，有的因为质量太小(月球和火星)，没有足够的引力，致使原来的水全部流失；有的则因为表面温度太高(金星)，由于蒸发原因，根本无法维持水的存在。而地球由于条件适中，使原来的水能够长期保存下来。因此，他们认为，根本不能简单地从地球近邻目前的贫水状况，来武断地推论地球早期也是贫水的。

其实，所有这些观点还都是猜测，离真正揭开地球水源之谜的日子还很遥远。

水是生命之源，但水的来源却成了人类的不解之谜

宝光塔倾而不倒之谜

宝光塔是一座七层八角形砖木结构的楼阁式宝塔，建于北宋元丰二年，现高约三十多米。清朝乾隆五十三年一场大火烧毁了塔心木和各层木结构，致使塔身倾斜。后来，又有人不断在塔砖中寻找铜钱，把塔砖拆掉，致使塔底毁坏更甚，倾之更甚，堪称中国第一斜塔了。

几百年来，宝光塔虽然倾斜，却始终屹立于天马山巅。它为何能斜而不倒呢？究竟是什么原因支撑着它呢？对此人们议论纷纷，莫衷一是。

有人认为，塔是向东南侧倾的，而在塔的东南面有一株古银杏树，树的枝叶皆向西，后来树虽枯死，但它依靠神力，对宝光塔遥相支撑，所以使塔不倒。

有人从地质构造来分析，宝光塔是建造在沉陷不匀的地基上，东南方向土质较弱，西北方向土质较强，于是塔向东南方向倾斜。但浙江一带多东南风，致使塔的倾斜力与风力相平衡，因而它能迎风挺立，斜而不倒。

也有人从古代建筑技术来解释，古代人用糯米汁拌石灰，来粘砖块。这种黏合剂的强度不亚于现代的水泥砂浆，因而用这种黏合剂来建筑时，时间愈久愈坚固。在考古发掘中，也常发现古代的坟墓是用糯米汁拌石灰等作为黏合剂的，乃至现在发掘时，还要花费很大的力量才能把它拆除。宝光塔用这种优良的黏合剂，加上古代砌砖技艺的精湛，自然能够使塔浑然一体，而不至于使塔砖一块块塌落下来。

为了抢救这一座珍贵的千年古塔，1984年5月开始，上海市文物管理委员会积极组织力量，对斜塔进行全面抢修，组织专家制订方案，贯彻"外貌不变，斜而不倒"的原则。在抢修时，发现塔身上部已倾斜，但埋入地下的塔基却没有动。所以，形成了斜而不倒的独特现象。这是第四种看法。

从乾隆时期至今二百多年中，无数次狂风暴雨，把山下的房屋都吹倒了。1954年刮台风，吹倒了塔下的大殿。1984年黄海地震，上海市区的房屋也受到摇摆震动，但宝光塔突兀地挺立在天马山巅，犹如一把利剑，直刺青天，迎风屹立，岿然不动。

喀纳斯湖怪之谜

●　●　●　●　●　●　●

横亘在新疆北部的阿尔泰山雄伟壮观，其主峰友谊峰终年被冰雪覆盖，是我国海拔最低的现代冰川之一，喀纳斯湖就位于风景秀丽的友谊峰南坡，面积约25万平方公顷的喀纳斯国家自然保护区内。

喀纳斯湖，蒙古语意为"美丽而神秘的湖"，起源于友谊峰冰川，曾经历过三次大的古冰川作用。冰川留下了大量的积水，形成了喀纳斯湖。喀纳斯湖呈弯月状，南北延伸，长24千米，最宽处2.6千米，最深处188.5米，湖区四周群山环抱，东西两岸是浩瀚的原始林海，北端入湖三角地带是沼泽草甸。天鹅、大雁、黑颈鹤等珍禽游乐于此。喀纳斯湖像一弯美丽的月亮镶嵌在绿色的群山中，更为奇妙的是，清澈的湖水在一天中会随着

阳光角度的不同，颜色不断变化，一年中季节不同湖水的颜色也会有所不同。因此，又被称为"变色湖"。喀纳斯湖不仅以景色秀美而著称，更因为湖中的"湖怪"而令世人瞩目。

喀纳斯湖"湖怪"传说由来已久。在阿尔泰山附近生活的大多是哈萨克族牧民，而在湖区生活着的却是数十户与世隔绝的蒙古族牧民。他们的父辈或祖辈从小就被告诫说，湖里有湖怪，他们自己也会在漆黑的夜晚，听到远处湖面上传来隆隆的巨大声响，在湖边吃草的牛和羊有时会莫名其妙地失踪。更有不少人看到有巨大的鱼形怪物在湖面上翻腾。19世纪末，还有个俄国人在湖中捕获到一条巨鱼，有几吨重，十几米长。

1987年7月，新疆环保科研所派出了一支考察队来到了喀纳斯湖。24日，考察队员登上了湖边的骆驼峰，从峰顶上向湖面望去，湖面突然像是有一团团的红褐色水藻漂浮着，一个拿着望远镜的队员喊道："那是大鱼！"在惊呼中，队长接过望远镜仔细观察，原来，那些看似红褐色的水藻团的东西，其实是大鱼。在望远镜中，鱼头上巨大的眼睛清晰可见，到了中午这些巨鱼竟达到了六十余条。据他们估算，这些鱼的鱼头宽度大约有1~1.5米，鱼体长10米以上，最大的鱼可达15米，重量在2~3吨。队员们为了捕捉巨鱼，专门制作了两个巨型鱼钩，用羊腿和活鸭做诱饵，但他们的垂钓计划没有取得成功。

喀纳斯湖发现巨鱼的消息很快轰动了世界，这样巨大的鱼到底是什么鱼呢？新疆环保所和新疆大学的科考队员们认为，被称为"湖怪"的巨鱼就是巨型的哲罗鲑，它属于鲑形目鲑鱼科，是一种产于北方的冷水型食肉鱼类。它在繁殖季节鱼体呈红褐色，因此，当地人又叫它"大红鱼"。

但是，随后有专家指出，据记载，最大的哲罗鲑体长不足4米，体重也不过五百余千克，况且喀纳斯湖的自然环境也不能使哲罗鲑超常长大，科考队员们所看到的巨鱼比这种鱼的正常体积大了好多倍，所以不能不令人质疑。可如果这巨大的"湖怪"不是哲罗鲑，它们会是什么动物，难道是史前遗留的怪物吗？它们在喀纳斯湖中为什么会长得这么大呢？这些问题不能不令人感到惊奇和困惑。

沉睡万年的海底围墙之谜

◉ ◉ ◉ ◉ ◉ ◉ ◉ ◉ ◉ ◉ ◉ ◉ ◉

海底围墙的发现是很偶然的。1968年春天，两位美国作家驾船经过比密里岛北岸0.25海里处，发现了海底中有一些巨大的石头。这些石头每块约有20英尺长、10英尺宽、2英尺高，明显是经人工雕琢而成的，这才引来了更多的人来海底探险研究。这年9月，人们在离岛西岸不远的海水中发现了一些大柱子。检测发现，这些或横卧海底、或竖立沙土中的柱子并不是岛上的产物。不久后，人们在离岛稍远的地方又发现了一些绕岛的矮围墙。

考古学家考证后说，这些石头在水中至少已经沉睡了10000年。那么，10000年前它们是些什么呢？如果它们是围墙，则说明海岛上曾有过一个文明程度甚高的城市。令人奇怪的是，岛上除了围墙，好像没有别的建筑物，而且史书上从来没有过关于这个海岛城市的记录。如果说当初岛上就只修建了这么一座围墙，那就更加令人费解了。围墙怎么会沉入海底呢？10000年的时间能发生很多的事情。有人猜想，在这段时间里，海岛可能曾经沉入过海底，几千年后又重新浮上来了，围墙则被海水冲到了海底，永远地留在了那里。这是一种站不住脚的说法。因为岛上找不出一块能证明它曾沉入海底的化石，也看不到被水淹过的痕迹。

有人假设，围墙本来就建在水里。可是水中的围墙有什么作用呢？它是一个联络地点，还是一个什么记号？

直到今天，还有人前来探究沉睡海底的围墙，可是谁也解不开其中的秘密。

艾耳湖之谜

◉ ◉ ◉ ◉ ◉

　　艾耳湖虽叫湖，但它不是湖，而是澳洲干旱腹地的两片巨大洼地。这个咸水湖大约每十年才有一次湖水。湖底大部分时间全部干涸，盖满盐层；湖的四周有一圈好像悬挂着白霜的矿物层。1858年，探险家沃布顿来到湖边，把这里的景象形容为"可怕的死寂"。

　　湖四周是一片晒干的土地：北面是辛普生沙漠；东西两面是布满圆丘和风刻石的平原，很难通过；南面是一串盐湖和干涸的盐洼。在这片荒无人烟的地方，如能看到水的闪光，就足以使人惊喜不已。地平线上的水光往往是小盐池的闪光或者是39℃高温热气所形成的海市蜃楼。然而旅行者偶尔也会遇到盼望已久的大片淡水。

　　艾耳湖是澳洲海拔最低的地方，湖底低于海平面15米。其集水面积大于法国、西班牙和葡萄牙的总和。湖分两部分，南湖较小，北湖较大，总面积约9600平方千米。两湖由15千米长的戈地亚渠连接。下雨时雨水从远处的山上流入干涸的河道。大部分的水沿途蒸发掉或渗入沙中。若雨下得很大，有些水最终可以流到艾耳湖，流程长达1000千米。只有在雨水很多的年头，水才流经戈地亚渠。

　　只要有水，艾耳湖就呈现勃勃生机。艳红色的斯图特沙漠豌豆等植物会突然抽出芽来，迅速开花结子，赶在水分消失前尽快完成其生命循环。雨水也使藻类复苏，使埋在泥中的虾卵迅速孵化，艾耳湖变成热闹的场所。不久鸟儿飞来，其中有野鸭、反嘴鹬、鸬鹚、鸥等，有些是飞越半个澳洲大陆前来的。它们吃河里的鱼虾。鹈鹕和长脚鹬在湖边造窝繁殖，一片喧闹，有时鸟窝竟多达数万个。

艾耳湖西面的石滩，使最顽强的旅行者也望而却步。

每当艾耳湖注满水时，光秃秃的湖岸便会繁花似锦，长满雏菊和野蛇麻草等植物。

来水中断后，湖水在高温下很快蒸发，盐分逐渐增加。各种动物都要争分夺秒，雏鸟须在湖干之前成长，学会飞行，一旦湖干，食物缺乏，成鸟就会离开，把羽毛未丰的幼鸟丢下不顾。淡水鱼无法逃生，只能死在咸水中。最后，艾耳湖恢复原状，在湖底淤泥土盖着一层硬硬的盐壳，到处一片荒凉，又重新等待着新的雨季带来生机。

早期的欧洲拓荒者都认为澳洲中部可能有湖泊，甚至有浩瀚的内海。许多人不知道流往内陆的河流流到哪儿。

1839年，25岁的艾耳从阿德莱德出发，希望成为从南到北穿越澳洲的第一名欧洲人。他越过弗林德斯岭，来到盐湖区一个无法通过的巨大马蹄形地带，不得不折返。1840年，他再次尝试，终于到达了现在以他的姓氏命名的艾耳湖。当时湖水虽已干涸，但湖底的淤泥使他无法继续前进。

其他探险家也有类似的经历。直到1922年，哈里根才从空中测绘了艾耳湖，发现北湖有水。但是次年他徒步到湖边时，看到水少得只能勉强浮起一艘小船。

现已查明艾耳湖的确曾变成过广阔的淡水湖，但只是每8~10年才出现一次。这种循环已经持续约20000年了。偶尔会连续两个夏季下暴雨。倘若前一年的雨水浸透地面，第二年的雨水从山上流下时，地面的吸水量就较少，艾耳湖才可注满。

麦田圈巨石堆建筑之谜

◉　◉　◉　◉　◉　◉　◉　◉　◉　◉　◉

2000年8月，由海峡两岸青年组成的联合考察队对新疆青河县进行了为期12天的考察。

新疆文物考古研究所作为负责收集历史信息的特邀成员，有幸与其他几个人参加了此次活动，对沿途所见多处历史与自然遗存作了详细记录和调查，事后经过对大量古今中外文献的追索，发现并首次论证提出，遍及新疆各地、外蒙古、俄罗斯及欧洲等广阔地域的塞人石堆墓与世界"麦田圈"之谜存在极其密切的关系。

2001年5月经新华社、中新社向世人披露此发现后，引起近十个国家和地区的广泛关注和国内外数十家科研学术、旅游机构及报刊的兴趣。石堆墓通常被认为是距今2500年左右的塞人遗存，由巨大的石块、石板垒砌而成，规模宏大。在新疆阿尔泰山脉一带及中亚哈萨克斯坦等国均有发现。

令人难以置信但不可忽视的是，在天文学家统计的1989年前所发现的麦田圈图形中，几乎涵盖了包括青河石堆墓在内的所有具有现代工业文明特色的墓葬图形。

麦田圈是指在世界各地田野里由不明原因所致的各种各样有规律、体现高超智慧水平的奇异图案。例如，从单圆形到五个一组的连环；从哑铃状图案到各种线条和几何图形的组合等等。

其发生地不仅限于麦田，在稻田、玉米地、菜地、草地、沙漠、戈壁、雪地等处均有发现。

20世纪90年代，全球发现各种麦田圈两千多个，并被记录在

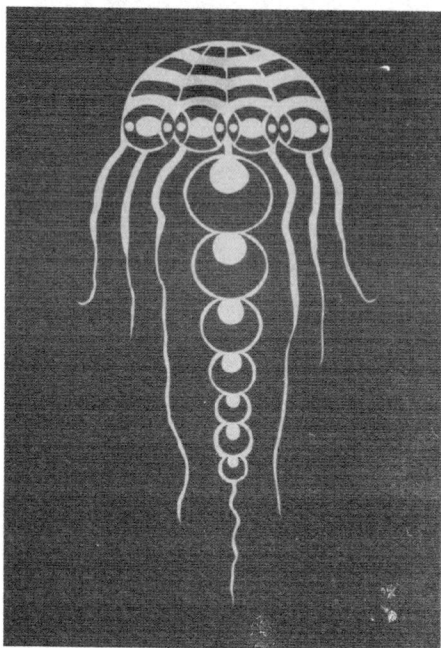

麦田圈奇形图案

案，遍及俄、巴西、美、英、加、澳、印度、日本和中国等近百个国家。科学家总结麦田圈的特征有："寂静无声地形成，但速度很快，顶多不超过一分钟；无损伤的瞬间使植物倾倒，压倒植物的干茎，诱发植物水平生长；调查困难；极其壮丽复杂多圆的组合；不受各种气候所影响；周围没有其他印记；不受地形限制，遍及全世界杳无人烟处……"起初一度被好事者自称是自己所为的麦田圈，后来当他们面对一个个规模宏大，极其复杂、精

美的图案时，已是哑口无言了。

很多麦田圈占地面积之大，非常人所能想见。如果是人为，所需人力，有的需要数十人乃至上百人干很长时间，而麦田圈从空中俯瞰，有的图案其复杂和精美程度，不是人多就能制成的。

多位天体物理学家共同认为，它们绝不可能是人为的产物，而很有可能是由来自异域的文明所为。

经测试，麦田圈正中内部均有异状物质，有些具有微量放射线，磁能量亦很大。

据调查，新疆塞人石堆石圈墓样式开始在全国很多地方均有发现。如甘肃秦魏家和大河庄齐家文化中有六处神秘石圈遗迹，还有陕西、四川、云南等地也有类似遗存。值得注意的是，在西南少数民族拜天祭天的宗教活动中，均有向天神敬献和占卜动物肩胛骨的现象，而在青河三道海子地区先后发现了三块分别带有人工钻孔和灼烧痕迹的动物肩胛骨。

可以说，石堆石圈墓应属于原始宗教性的建筑。塞人对大自然的神奇所在不能理解，即产生了万物有灵的观念，他们的墓葬表现出对神灵现象的崇拜和信仰。

而这些现象主要来自于天上，由于石堆石圈墓的奇特，游牧人往往把它们说成是"魔圈"，认为谁要触动墓石，就会触犯神灵，遭受灾难。

因此，我们可以推测，三道海子塞人石堆墓及其他同类墓葬和遗存，很有可能模仿或建立在不明飞行物落点和类似麦田圈图案或原址上的。

原始先民认为这些图形是通灵通天的，把逝者埋在这样的图形中，不仅可以将灵魂带上天堂，亦能抵御某种侵犯，由此对这些图形产生崇拜和信仰。灵魂不灭观念及祖先崇拜信仰的实际存在，必将导致对超现实的彼岸世界即所谓的祖先居住地的肯定与信仰，古人自然要想方设法与之沟通。

关于塞人石堆墓与世界之谜麦田圈之间存在外形轮廓的一致，恰巧也说明麦田圈现象至少在2500年前就已在地球上发生和存在过，仅就这一点而言，无疑已使此古老历史遗存具有了无可估量的科学考察和旅游观光价值。

恐怖的陆地百慕大之谜

◉ ◉ ◉ ◉ ◉ ◉ ◉ ◉ ◉ ◉

　　大西洋海域的"百慕大三角"对于所有知道它的人来说，都是个神秘、恐怖、让人望而却步的地方。事实上，陆地上也存在着这样的恐怖地域，让人惊异、害怕而又百思不得其解。

　　一天，威鲁特·白克驾驶着一辆2吨重的卡车离开了家。不一会儿，他就驶上了爱达华州的州立公路。很快，威鲁特·白克的汽车来到了那条神秘路段上。公路上的车辆不多，好半天才开过去一辆。就在这时，威鲁特·白克突然觉得一股强有力的力量控制了自己和整个卡车，一下子就使汽车偏离了公路，朝着路边撞了过去。威鲁特·白克想把汽车控制住，可是，那股神秘的力量猛地把汽车抓了起来，就在威鲁特惊慌恐怖地瞪

大了眼睛的一瞬间，整个卡车又"腾"地被扔了出去，"咕咚"一声就翻倒在了地上。幸运的是，威鲁特·白克只是身体受了伤，命保住了。后来，他只要一想起这件事，就感到非常害怕，再也没敢上过那段公路。

　　威鲁特·白克是个幸运的人，有好多人就没有他那么幸运了。据说，在"爱达华魔鬼三角"这个地方，已经有许多人断送了性命。事实上，这段公路跟其他路段的公路没有一点区别，全都是又平坦又宽阔的大道。那么，为什么车毁人亡的事故却如此之多呢？为什么车辆到了这里就会被一股神秘的力量扔出去呢？这股神秘力量来自哪里呢？是外星人吗？为什么天空没有一点迹象呢？这诸多的谜谁又能解开？

长江源头之谜

◉　◉　◉　◉　◉　◉　◉

关于河流正源的确定标准，学术界的意见并不统一。有的主张以水流最长者为正源，即所谓的"河流唯源"，赞成这个意见的人比较多；有的主张视河道上下游的一致性，以形似干流向上的自然延伸者为正源；有的说应该以水量大者为正源，即所谓的"流大为源"；有的将河谷形成较早者推为正源，等等。

长江是我国第一大河。关于长江的源头在何处，长期以来一直是学术界争论不休的一个问题。

追溯长江的形成历史，大致可分为三个阶段：

第一阶段：在距今1.5亿年前的三叠纪末期，现在的长江流域的大部分地区刚刚由汪洋大海变为陆地。那时的海陆轮廓和现在完全不同。现在的长江发源地青藏高原，那时还是烟波浩渺的古地中海的一部分。临近的四川、云南东部地区是一个东高西低的大盆地。原始的长江，当时就发源于盆地东部三峡地区的山地，沿着自然倾斜的盆地，由东向西，滚滚而流，注入古地中海。

第二阶段：在距今5000万年的第三纪始新世时期，由于印度板块与亚欧板块相撞，使古地中海东部的海底发生强烈的挤压，导致了喜马拉雅山从海洋中升起。印度板块北移插入亚欧板块之下，形成了原始的青藏高原。这种沧桑巨变，使早期的长江下游入海口一带的低洼地区，变成了逐渐抬升的山地高原。这样，长江水只得另找出路，沿南北排列的横断山区，滚滚南流，注入南海。与此同时，三峡以东的东西狭长盆地中，由于强烈的地壳运动，发生了东西方向的大断裂，使原来比较分散的水流，集中到低洼的断裂破碎带。随着流水侵蚀作用的不断加强，本来封闭的盆地东部，被流水冲出了缺口，形成了东流入海的长江中下游河道。

第三阶段：三峡以东的长江，因河流侵蚀作用，不断产生了类似瀑布后退一样的向源头侵蚀现象，使河流向源头方向逐渐伸长，三峡分水岭也就随之变窄变低。最后，东部长江流水截夺过来，形成了河流发展过程中时常发生的河流袭夺现象。这时，东部的长江，源头不断向西延伸，已是源远流长、江水浩荡的大江了。而西部的长江，上

游被袭夺后，变成了"无源之水"的截头河，剩下中下游，继续南流注入南海。

新中国成立不久，科学工作者对长江进行了考察，将木鲁乌苏河和楚玛尔河分别定为长江的南、北两源。1976年和1978年，长江流域规划办公室等单位进行了两次江源考察，又把长江正源的桂冠转给格拉丹东雪山下的沱沱河。但1986年长江科学考察漂流探险队在完成了科学考察漂流的壮举之后，却提出另一支流当曲的长度比沱沱河长3.7千米，而且当曲的流量是沱沱河的3倍，流域面积是沱沱河的1.7倍，所以，长江正源应让位给当曲。但是这一看法目前还未作为定论被大家所接受。

摩天城市之谜

◉ ◉ ◉ ◉ ◉ ◉ ◉

美国亚利桑那州海拔高处，一个荒芜的平原上，许多巨型红色砂岩高耸入云，好像宏伟建筑的古迹。

雄伟的巨石、干爽清新的空气、荒漠斜阳下长长的巨石影子，赋予莫纽门特谷地独特的美态。莫纽门特谷地属美国西南荒漠地带，地跨犹他、亚利桑那两州。谷地上巨石林立，都是风化剥蚀的产物，样子大多像残破的建筑，如倒塌了的城堡、古庙、摩天大楼、石柱和石塔。

许多巨石正由于形状特殊，赢得引人遐思的名字。"城堡石"是座雄伟的平顶石丘，高300米，顶部形如开了枪眼的城垛。"拳击手套"是一对靠得很近的巨石，每座由一根狭窄石柱和一座小方山（孤立的平顶小山）构成；石柱形如拇指套，小方山活像手套主体。不远处，"伏窝母鸡"酷似母鸡蹲伏窝中；庄严肃穆的梅里克小方山和密契尔小方山恍如巨型天然墓碑。根据当地传说，梅里克和密契尔是两名探矿人，19世纪80年代到此找寻银矿，遭印第安人杀害，两座小方山以他们姓氏命名，作为纪念。"修道院女院长"高245米，为"三姐妹石"中最高的一座，形如披上修女头巾的女士，十指交叉在祷告，栩栩如生。

莫纽门特谷地并非自古以来即屹立着小方山和平顶石丘。约2亿5000万年前，当地的红砂层原为浅海。海床沉积大量厚重淤泥，把红砂压实，变为多孔砂岩。淤泥则渐渐转化为页岩。其后海水退去，约

7000万年前，地壳剧烈运动，陆块向上翘曲，形成广阔圆丘，冷凝下来。原有的海床变为一望无际的砂岩高原，表面覆盖页岩和砾岩(颗粒较粗的沉积岩，主要由卵石和砾石构成)。裸露的岩层长期受强风和流水侵蚀，出现峡谷和冲沟，地面割裂为多个宽广的高原；高原再经风化，面积缩小，变为方山，最后剥蚀为小方山和岩柱。

莫纽门特谷地像美国西南部大部分地区一样，景色壮丽，但是不宜人类和野生动物居住。仅纳瓦霍印第安人仍在放牧绵羊和山羊，此外渺无人烟。干旱的沙丘和荒芜的密灌丛地，只有兔子和需要很少水分的冷血动物可以生存，诸如颈领蜥蜴、角蜥、大草原响尾蛇等。由于年雨量很少超过20厘米，植物稀少，只生长几种耐旱的植物，例如，刺柏、蒿、北美矮松和仙人掌等，即使几个月不下雨这些植物仍能生存。偶降暴雨，野花种子迅速发芽生长，把荒野点缀得斑斓多彩，可是花朵一两天就枯萎。多少年来，莫纽门特谷地似乎没什么变化，但是侵蚀过程并未停止，每天均有岩石剥落崩塌。长此以往，高耸的残余岩石体，终有一天会夷平，剩下平坦单调的砂岩高原。

砂岩高耸入云好像宏伟的建筑

石头森林之谜

◉ ◉ ◉ ◉ ◉ ◉

亚利桑那沙漠，散布着数以千计亮如宝石的"圆木"。那不是木材，而是石头，有的倒在半山腰，有的伏在山脊，外形跟真正的大树没有两样，因为本来就是真正的树木，只是后来变成了石头。

1851年，美国军官薛格列夫斯骑马经过亚利桑那州佩恩蒂德沙漠，在滚滚沙尘中偶然发现一片森林的残迹，那种景象是他前所未见的：散布四周的林木，外形跟一般树木没有差别，质地却是坚硬的石英结晶体。这个发现引起两个问题：沙漠干旱酷热，根本不容树木生长，这些坚硬如铁的残干断枝从何而来？即使树木曾经生存，树皮、树液和植物纤维又是怎样变成冰冷的石头的呢？

当地的纳瓦霍印第安人相信，

这一根根闪闪发亮的圆木，是传说中巨人叶亚苏的遗骨。派恩特印第安人则认为是雷神的箭杆。那其实是全球最大的石化森林，是大自然的产物。约2亿年前，亚利桑那沙漠是一片广阔的平原，火山环立，中央低洼又多沼泽。南部丘陵和火山坡低处，生长着巨型针叶树，没有现今的郊狼、野猫和美洲獾，却有恐龙栖息其间。

那些树木，大多高30米左右，树干直径超过1.8米，少数体积比这还大一倍。石化森林中的圆木，有些就是这样大的，不过大都只剩残干断枝，想必在石化过程开始前裂开，或在露出地表的过程中断裂。

圆木呈现不同色彩，主要由于结晶过程不同。大多为纯石英，那是硅原子单独结晶所形成的。若掺杂其他矿物，则形成亚宝石，种类繁多，诸如紫晶、玛瑙、碧玉、缟玛瑙、光玉髓等。不管结晶体成分为何，在结晶过程中，原来树木细胞的形状都得以保留，因而形成石质树木，深埋地下，最深的埋在地下300米处。

要不是6500万年前的地壳变动，这些圆木可能永远埋藏地里。造成落矶山脉的地壳活动，也使亚利桑那州这部分土地抬升，引起两重后果：地面积水退掉，针叶林的晶体遗迹升高；掩盖石化树木的沉积物、页岩和砂岩，因风雨侵蚀而逐渐消失，石化森林慢慢显露出来。

这片石化森林主要分为五区，以圆木的主要色彩或成分命名：蓝方山、石英林、彩虹林、黑森林、碧玉林。碧玉林内，树干大都不透光。石化森林内有不少奇观，其中的"玛瑙桥"是由浑厚的木材转化的天然石桥。

在这个地区，除了被埋后得以重见天日的石化圆木外，还形成许多2亿年前动植物的化石。植物中以针叶树最普通，此外为苏铁科植物，外形像棕榈，叶子则像蕨类。恐龙化石包括貌如长吻鳄的植龙及形如犰狳的雕龙等。

这个地区年平均雨量仅23厘米，大多为短暂急剧的雷雨。一场骤雨，可以把表土冲掉25厘米之多。随着表土流失，显露出来的圆木和化石逐渐增多，巨型爬行动物雄踞地球时代的遗迹，一一呈现在眼前。

亚马孙河流域资源之谜

◎ ◎ ◎ ◎ ◎ ◎ ◎ ◎ ◎ ◎

世界上最长的河流是亚马孙河，长期以来亚马孙河流域的资源状况一直是个谜。因为这是一个原始森林密布、野兽出没、人迹罕至、令人毛骨悚然的地方。

亚马孙河水面约有二三百米宽，两岸是茂密的热带丛林。亚马孙河素有"黄色地狱"之称，而亚马孙丛林也有个漂亮的名字——"绿色坟墓"，很少有外来游客敢冒险进入食人族和丛林毒物的领地。考察探险亚马孙河流域，可谓是九死一生，丛林和水流间潜伏着种种危险：除了食人鱼，还有传染病，丛林中的食人族，鳄鱼，毒蛇，毒虫。有人这样描述亚马孙河，在那里，下一个时刻，你不知道会发生什么事情，一觉醒来，也许你的行李包不见了，也许你已经翻身掉进了河里，也许你发现自己被绑在一副架子上，底下是熊熊烈火——遇上食人族了。

最早探测亚马孙河河口的欧洲人，是随哥伦布远航的西班牙船长平松。他于1500年来到这里，以为是个大淡水湖。1541~1542年，西班牙人德奥雷利亚纳由秘鲁的纳波河顺流而下，最先乘船驶过了亚马孙河大部分河道。德奥雷利亚纳一行，沿途屡历艰险，经常受到土著人袭击。他们曾遇到一个部族，战士全为女性。后来此事传扬出去，轰动一时，就把这个部族称为亚马孙人(古希腊神话中彪悍的女战士)，大河亦因此得名。德奥雷利亚纳本人则因此河壮阔浩瀚，称之为"海河"。

你几乎无法想象亚马孙河的壮

阔，亚马孙河共有15000条支流分布在南美洲大片土地上，流域面积几乎大如澳洲。主流河水很深，整条河有一半可容巨轮航行。远洋巨轮由大西洋经河口溯流而上，可航行至秘鲁的伊基托斯。

亚马孙流域的热带雨林大部分位于巴西，面积约为印度两倍，海拔不超过200米。这里雨量充沛，加上安第斯山脉冰雪消融带来大量流水，每年有大部分时间被洪水淹没。有一片名叫瓦西亚的森林，每年有数月水深9米。全亚马孙流域雨林植物种类之多居全球之冠。

亚马孙部分雨林已经辟为保护区。但是，令人担忧的是目前砍伐林木的速度若不减缓，亚马孙这片占全球林木总面积达2/3的原始森林，可能会在21世纪永远消失。

危机重重的原始森林

冰盖下的奥秘

◉ ◉ ◉ ◉ ◉ ◉

在白雪皑皑的南极，在那厚度达几千米的冰盖下面，是否掩盖着一些不为人知的秘密呢？答案是肯定的。据科研人员证实，直到公元前4000年左右，冰盖才逐渐从南极内陆向外扩散，最终覆盖整个南极大陆。这以前南极地区曾经享有很长一段时期的温暖气候，南极洲是否曾被人类探访甚至定居过呢？

1959年底到1960年初，哈佛大学的哈普古德教授利用圣诞节假期，在华盛顿的美国国会图书馆查阅有关南极洲的资料，一连几周，他废寝忘食，埋头在成堆的中古世纪地图中，展开了搜寻工作。

下面是这位教授1960年1月6日的日记："当我打开一本地图集，翻到一页，眼睛蓦地一亮，整个人顿时呆住了，那是奥伦提乌斯·费

纳乌斯在1531年绘制的世界地图。我盯住地图下方的南半球，心里暗暗庆幸：我终于找到了真正可靠的南极大陆地图……地图上的南极洲，整体形状和现代地图所绘制的相去不远，显然，这幅地图不是某个人一时异想天开，凭空捏造出来的。地图上的山脉清晰可见，而且有河流从山脉中蜿蜒流出，最后汇向大海。这显示，南极洲最早的地图绘成时，这块大陆未被冰雪完全覆盖。"

哈普古德教授认为，费纳乌斯地图显然证实了一个耸人听闻的看法：被冰雪覆盖之前，南极大陆确曾被人探访甚至定居过。果真如此，这件事一定发生在很久很久以前……费纳乌斯地图显示，最初绘制南极洲地图的人，生活在极为遥

远的时代，那时北半球还处在最后一个冰河时期结束的时候。

费纳乌斯的地图让我们瞥见了南极洲神秘的面纱背后的情形，可光凭一幅地图并不足以说服我们：一个已经消失的文明曾经在南极大陆留下踪迹。当两幅类似的地图同时摊在我们眼前，我们就不能等闲视之了。

据说，16世纪著名的制图家吉拉德·吉雷摩（又名麦卡脱）"一生孜孜于探寻古人的学问"，并且花了很多时间搜集古代地图。这个神秘人物曾于1593年造访埃及金字塔后行踪全无。但他于1569年结合古人留下的资料绘制的南极大陆地图上竟包括：南极半岛、哈拉德王子海岸、亚历山大一世岛等南极洲更为详细的地理信息，而大致轮廓与费纳乌斯地图惊人的一致。据当时的交通条件和制图技术，两人都不可能亲自去南极考察，且当时南极已经被冰雪覆盖了。

因此，我们不得不大胆推断，南极洲的地图绘制者决不是当时的人类，而极有可能是在南极生活过的某种智慧生物。我们知道四大文明古国均诞生在公元前5000年左右，那么在这以前，南极是否已产生了一种文明呢？这种文明的创造者们后来又到哪里去了呢？现在南极大陆冰盖之下是否会有和埃及金字塔一样的文明奇迹、建筑遗址存在呢？目前，我们仅有的这两幅神秘的地图提供了一些蛛丝马迹，也许事实真相只有当人类对南极这块大陆继续考察研究之后才能揭示了。

贮藏装饰品的洞穴之谜

◉ ◉ ◉ ◉ ◉ ◉ ◉ ◉ ◉ ◉ ◉

在美国新墨西哥州有一个洞穴蕴藏着丰富的财宝和变化无穷的装饰物。

凡去过新墨西哥州莱丘加尔拉洞探险的人都会感到不可思议。直到目前为止，已在美国南部荒山下面发现了近100千米长的洞穴和通道，是世界上最长的山洞群之一。洞中有各种各样的"装饰品"，即矿物硬壳，从洞顶垂下，将洞穴装饰得美不胜收。

这些装饰物绚丽多姿，让人目不暇接。外形类似鸟池的扁平岩石下面有多节的细颈柱支撑，呈柱状的钟乳石从洞顶悬垂下来，一缕缕细如发丝的石膏可延伸6米长。有些石膏形同珍珠，有的像爆玉米花、气球和薄霜覆盖的冷杉树，也有像优雅的褶布的。

说来奇怪，这样一个与众不同的仙境一直未被发现。多年来虽然偶尔有好奇者到洞中探险，但是直到1986年才有一群探险者迈出突破性的一步。吹进洞门的强风吸引了他们，因为这显示了在岩洞深处有更巨大的洞穴群。他们将洞底的碎石挖开，发现一个几乎垂直的"矿井"，称之为"石瀑"，因为当他们递降时，石头像瀑布一样从这儿坠落。矿井下面是个美不胜收的洞穴迷宫。

莱丘加尔拉洞的探险进行得非常缓慢而又谨慎，不单因为地形险峻，湖水幽深，更因为探险者强烈地意识到那些装饰物是多么脆弱，而他们可能引起的变化，例如温度上升，都会对洞穴状貌构成影响。

无论探险者落脚时多么谨小慎

微，总会踏碎或弄脏某些装饰物原有的外层。许多山石膏形成的装饰物更是不堪一击，一不小心就会损坏或毁掉几百万年才形成的结构。洞口拓大后使洞内的空气变得略为干燥，也会令石膏装饰物受到腐蚀，可能最终会坍塌。

探险者有严格的行为守则。他们会尽可能赤脚走路，以免弄脏洞底，但是在洞底凸凹不平处得小心翼翼，以防划破双脚，留下血印。所有垃圾都被装进塑料袋中，没有人在洁净的水坑里洗刷。

大多数石灰岩洞是略呈酸性的雨水渗透到地下而形成的，莱丘加尔拉却正好相反，是从下而上形成的。来自地层深处油质沉积物的气体通过岩缝升腾而起，与氧气和水混合产生了硫酸，硫酸与石灰岩发生化学作用，从而形成了密密麻麻的岩洞和石膏。

几百万年以来，各种溶于水中的矿物，通过迷宫般的水道不断点缀着岩洞。这些装饰物包括石笋

隐藏在荒山中的岩洞是探险者们寻觅的目标

和钟乳石，以及许多石膏作品。在一处名为"吊灯舞厅"的景点，悬垂着许多石膏结构，美妙绝伦，令人屏息而立。从洞顶渗进来的水将洞穴高处的矿物溶解，水分蒸发之后，留下许多结晶体，因而形成那些石膏作品。

洞穴专家认为，为了保护莱丘加尔拉洞中的宝藏，使之免受破坏，应禁止公众参观。

死海之谜

◉ ◉ ◉ ◉

死海位于以色列和约旦之间的内陆盐湖，是地球上海拔最低的水域。

死海的有趣和独特之处在于它的四个"四百"：第一，它低于海平面400米，是世界的最低点；第二，它的水最深处是400米；第三，死海水所含的各种矿物质达400亿吨；第四，据说死海底有大约400米厚的盐的沉积层。

在地球陆地最低处，有一片宁静蔚蓝的水面，这就是死海。湖面上盐柱林立，有些地方则漂浮着盐块，好像破碎的冰山。死海几乎没有生物，《圣经》中，罗得之妻的故事就发生于此。传说当罪恶的所多玛城和蛾摩拉城被天上降下的火和硫黄烧毁时，罗得之妻不听上帝劝告而在逃跑途中回首后顾，竟变

成死海的一根盐柱。据考古学家考证，这两座城已埋在死海南部的浅底中。

死海位于大裂谷北面的约旦谷的谷底，其水面比海平面低396米。大裂谷起始于约旦河上游，往南延伸穿过死海、红海和东非。死海有些地方深达400米，湖底几乎比海平面低800米。

死海西接干燥不毛之地的犹地亚丘陵，东临《圣经》中所记载的摩押和以东高原，沿谷底伸展约80千米，最宽处达18千米。

埃尔利垒半岛(舌头半岛)伸入死海之中，将其分为两部分。北半部较大较深；南半部平均只有6米深，矗立着白色的盐柱。

盐柱是三百多万年前开始形成的沉淀层的顶部。来自约旦河及

一些小河的河水在夏天50℃的气温下很快蒸发，留下泥土、砂石、盐和石膏等沉淀于海底。在多雨的冬季，每天有650万立方米以上的雨水流入死海。

如果湖水不蒸发，水面每年将上升大约3米。但从20世纪初以来，水面其实已经下降。原因是气候改变，以及约旦和以色列从约旦河和其他河流抽水灌溉，使注入死海的水量减少。

死海里几乎没有动植物，只有少数单细胞生物可在其中生存，因为死海的含盐量比海水高6倍。由于不断蒸发，死海水面往往浓雾深锁。中世纪的阿拉伯人认为雾气有毒，因此鸟儿无法飞越。但是，一种被称作特里斯特兰八哥的椋鸟为死海带来了生气。这种鸟以英国博物学家特里斯特兰的姓氏命名，以湖岸四周的昆虫和野果为食。

死海除了含盐之外，还富含其他矿物质，如钾、镁、镍等。这些矿物质据说可用于治疗各种疾病，尤其对皮肤病、关节炎、呼吸道疾病具有显著疗效。死海里的黑色淤泥据说可以使皮肤变得细嫩。今天已从死海提取有用矿物质，加以利用。其实，早在公元4世纪当地人就提取沥青售予埃及人作为尸体防腐剂。自1930年以来，已提取钾盐用作农业肥料。

死海地区雨量稀少，河流寥寥可数，偶有暴雨，就会形成急流，把岩石表面的沉积物冲入死海中。

死海这样一个面积不大且无生物的湖泊，在历史上却起过举足轻重的作用。在西岸，雄峙着玛萨达城堡。登上城堡即可俯瞰死海。因此，犹太国王希律曾以之作为防卫要塞。城堡最初由麦克比阿斯建造，后来希律王又加以扩建。玛萨达城堡北面，是艾因盖迪，意为"羊泉"。根据《旧约》记载，大卫被以色列王扫罗追捕时，就躲在艾因盖迪。因为该处有泉水，植物繁茂，是沙漠中的一片绿洲，据说，还有大角羊和豹在那里栖息。再往北就是库姆兰山洞，古代犹太教徒曾把死海稿卷藏匿于此。稿卷记录的时间从公元前3世纪中叶至公元68年，其中有记载教士隐居的生活。

不倒的比萨斜塔

◉ ◉ ◉ ◉ ◉ ◉ ◉ ◉

1590年，著名科学家、当时年仅25岁的比萨大学教授伽利略，就曾经挑选了这座著名的建筑作为他"铁球落地"实验的场地。这个实验验证了加速度定律，对后来牛顿三定律以及经典力学的产生有着不可估量的作用，并对此后几百年人类科学文明的发展有着不可磨灭的贡献。

然而，即使伽利略再生，恐怕也无法解释脚下的这座比萨斜塔不倒之谜。比萨斜塔于1173年8月9日奠基动工，五六年后塔身便开始倾斜，到1275年时，已经倾斜了九十多厘米，此后的七百多年间，塔的倾斜度每年都以不同的速度加剧。1990年1月7日，意大利著名女主持人拉发埃拉·卡拉宣布：比萨斜塔暂停开放，政府决定对斜塔进行修理。

其实七百多年间，人们一直都没有间断过对于斜塔的整修工作，工程师们尝试过不同的方法，包括减轻塔身重量，采用轻质灌注材料，在塔基进行加固性施工等等。但说来奇怪，每当专家们开始采取加固斜塔地基的措施时，塔的倾斜速度反而加快。如1838年，在塔基及周围进行加固性施工；1934年，在地基及周围喷入90吨水泥，实施基础防水工程，塔身反而更加不稳，向周围移动，倾斜得更快。直到1973～1975年限制了方圆三千米内所有私人水井和其他方法取用地下水后，斜塔的倾斜速度才放缓。

对于这一科学难以解释的现象，自豪的比萨人说："比萨斜塔是上帝的杰作。"

1990年暂时关闭以后，比萨斜塔的命运引起了全世界的广泛关注，世界各地都寄来了关于拯救斜塔的方案，其中许多奇思妙想颇为有趣。比如，有人建议在斜塔旁边安放一座类似于自由女神的巨型雕像，让女神怀抱斜塔，不让它倒下；还有一个日本电风扇企业的总经理，提出了一个广告色彩颇浓的方案：在塔倾斜一侧安装巨型风扇，以风扇吹出的风来逐渐治好斜塔倾斜的毛病；当时的美国副总统舒伯特·汉弗莱则建议将斜塔整个移到离城几千米远的乡村，重新固定在牢固的地基上。

当然这些方案是行不通的，比萨中古史学家皮洛迪教授认为，弄清斜塔斜而不倒的原因才是问题的关键。比萨人内心深处其实也不愿意纠正斜塔喜欢倾斜的毛病，他们相信斜塔永远不会倒下去。话说回来，倘若斜塔有一天改"斜"归正，那么比萨斜塔还有何特殊？比萨人又以什么作为自己的骄傲呢？

举世闻名的比萨斜塔